江西粮食生产概论

黄国勤　著

科学出版社
北京

内 容 简 介

本书共分八章。第一章至第三章，在对粮食进行概述的基础上，简述江西粮食生产的基础条件、重要地位及突出贡献；第四章至第六章，分别对江西粮食生产的主要成就、演变历程及面临的问题进行深入分析；第七章、第八章，在重点分析江西粮食生产的发展潜力的基础上，提出未来江西粮食生产的战略目标、发展方向、基本原则及战略措施等。

本书既可作为农学相关专业学生的学习用书，又可作为从事农业生产特别是粮食生产及农业经济、耕作制度、作物栽培、作物育种、土壤肥料、农业发展等相关行业的科技人员，以及从事农学特别是作物学等方面的实践工作者的参考书。

图书在版编目(CIP)数据

江西粮食生产概论/黄国勤著. —北京：科学出版社，2024.12
ISBN 978-7-03-077321-0

Ⅰ. ①江… Ⅱ. ①黄… Ⅲ. ①粮食-生产-研究-江西 Ⅳ. ①F326.11

中国国家版本馆 CIP 数据核字(2023)第 252444 号

责任编辑：吴卓晶 / 责任校对：王万红
责任印制：吕春珉 / 封面设计：东方人华平面设计部

科学出版社出版
北京东黄城根北街 16 号
邮政编码：100717
http://www.sciencep.com

北京中科印刷有限公司印刷
科学出版社发行 各地新华书店经销
*
2024 年 12 月第 一 版 开本：B5（720×1000）
2024 年 12 月第一次印刷 印张：11
字数：222 000

定价：119.00 元

（如有印装质量问题，我社负责调换）
销售部电话 010-62136230 编辑部电话 010-62143239

前　言

洪范八政，食为政首；手中有粮，心中不慌；有粮则安，无粮则乱；粮为国基，谷为民命；悠悠万事，吃饭为大；粮食安全，国之大者。粮食是人类生存和社会发展最重要的基础，粮食的特殊性和重要性是任何物质都不可替代的。粮食的极端重要性，无论如何强调、如何形容、如何比喻，都不为过。习近平反复强调，确保中国人的饭碗牢牢端在自己手中。

当前，世界正在经历百年未有之大变局，全球气候变化、病毒肆虐、俄乌冲突等一系列不稳定、不确定因素，对全球粮食生产与粮食安全构成直接威胁。在这一大背景、大发展形势下，大力增加粮食产量、维护我国14亿人口的粮食安全，就显得更加迫切和紧要。

江西是我国南方的一个重要农业省份，是全国13个粮食主产区之一，在维护国家粮食安全中占有重要战略地位并起着重要作用。自1949年以来，江西是全国仅有的两个从未间断为国家提供粮食的省份之一，江西为国家粮食安全和经济社会稳定发展做出了历史性贡献，被誉为“江南粮仓”。

为实现新时代江西粮食生产高质量发展，从而推动江西粮食生产为全国粮食安全和经济社会高质量发展做出更大贡献，有必要对自1949年以来江西粮食生产发展取得的成就、当前面临的突出问题，以及未来高质量发展的战略对策等进行深入的分析与探讨。基于此，作者在长期调查研究和分析思考的基础上，撰写了本书。

作者自1984年大学毕业至今，无论是从事教学工作、科研工作，还是深造，抑或是出国进行访问或学术考察，都始终把“粮食”“江西粮食”作为研究的重要领域和重要方向之一。作者先后申报并完成多项“粮食”“江西粮食”的相关科研项目（课题或专题），在《中国井冈山干部学院学报》《中国人口•资源与环境》《中国农学通报》《中国农业科技导报》《农业现代化研究》《农学学报》《古今农业》《江西日报》等期刊和报纸上发表多篇学术论文，并参与《新阶段中国粮食问题研究》《中国粮食安全研究》《中国粮食问题——中国粮食生产能力提升及战略储备》等多部著作的撰写、审稿和统稿工作。同时，作者不由自主地萌发了撰写一部有关“粮食”特别是“江西粮食”著作的想法。2011年4月，作者完成《中国粮食问题——中国粮食生产能力提升及战略储备》第27章“发挥优势挖掘潜力再创江西粮食辉煌”书稿撰写时，即草拟了《江西粮食生产概论》一书的写作大纲，并组织团队成员（青年教师和博士、硕士研究生）分工撰写，期间还召开几次会议专门讨论书稿的修改和完善问题。后因繁重的教学、科研工作，以及疫情影响等多种原因，该书写作几度中断。

2022年2月，作者把以往撰写的书稿全部拿出来进行审阅，感觉前几年提供的书稿内容已经过时——数据陈旧、观点陈旧，达不到公开出版的要求。于是，不得不进行重新构思、重新写作，包括对写作大纲进行重新拟订。考虑到系统性、完整性、创新性，作者决定一人独自完成书稿撰写。

本书是迄今第一部系统研究江西粮食生产的学术专著。总体来看，本书有以下几个显著特点。一是时代性。全书以“高质量发展”为主线，紧扣新时代发展主题，着力从绿色、低碳、高质、增效等方面深挖江西粮食生产的潜力，提出未来发展的方向与具体措施。二是实践性。全书以“粮食”为研究对象，以“江西”为研究范围，对自1949年以来江西的“实践”进行分析和总结，并找出“实践”中存在的问题，提出建设性对策与措施，这对未来“实践”具有指导意义和参考价值。三是资料性。全书致力于以翔实的数据和资料进行论证，将自1949年以来与江西粮食相关的数据和资料以表格形式展现，清晰可见，一目了然，不仅便于读者直观阅读，还便于研究者直接查阅、参考或引用。

全书耕作制度模式使用的符号：“‖”，表示作物间作（间种）；“×”，表示作物混作（混播）；“—”，表示作物接茬复种（平播复种）；“→”，表示作物年间衔接（由上一年进入下一年，或由第一年进入第二年）。

需要特别指出的是，本书的撰写和出版先后得到了国家重点研发计划课题“长江中游双季稻三熟区资源优化配置机理与高效种植模式”（课题编号：2016YFD0300208）、国家自然科学基金项目“秸秆还田条件下紫云英施氮对土壤有机碳和温室气体排放的影响”（项目编号：41661070）、中国工程院咨询研究项目“长江经济带水稻生产绿色发展战略研究”（项目编号：2017-XY-28）、江西省科学技术厅重点研发计划项目“江西省稻田冬季循环农业模式及关键技术研究”（项目编号：20161BBF60058）、江西省农牧渔业科研指导性课题“江西省水稻生产绿色发展战略研究”（项目序号：39）等多个科研项目（课题）的资助；得到了有关领导、老师、同行、同事长期以来的关心、支持和帮助，得到了家人的理解和大力支持；还得到了作者所在工作单位——江西农业大学作物学“一流学科”建设经费的支持。在此，作者一并致以衷心的感谢！

在撰写本书过程中，作者参阅了国内外的有关图书和资料，在此向相关作者一并表示衷心感谢！

因作者水平所限，书中难免存在疏漏和不足之处，恳请读者批评指正。

黄国勤

2023 年 8 月

目　　录

第一章 粮食概述

国以农为本，民以食为天。历史与现实告诉我们，粮食是关系一个国家社会稳定和经济发展的基础。无粮则乱——既是历史教训，又是现实警示。党的十九大报告明确提出，“确保国家粮食安全，把中国人的饭碗牢牢端在自己手中”[1]。基于这一认识，本章对粮食的概念、内涵与特征，粮食的地位与功能，以及粮食生产与粮食安全进行了分析和探讨。

第一节 粮食的概念、内涵与特征

一、粮食的概念

古时行道曰粮，止居曰食。后将供食用的谷类、豆类和薯类等原粮及成品粮统称为“粮”和“食”，即供食用的谷类、豆类和薯类被统称为“粮食”。粮食营养物质丰富，主要含蛋白质、维生素、膳食纤维、脂肪等。

关于粮食的概念，中国古代早有论述，具体内容如下。

《周礼·地官·廪人》：凡邦有会同师役之事，则治其粮与其食。郑玄注：行道曰粮，谓糒也；止居曰食，谓米也。

《左传·襄公·襄公八年》：楚师辽远，粮食将尽。

《三国志·魏志·武帝纪》：〔袁绍〕土地虽广，粮食虽丰，适足以为吾奉也。

《醒世恒言·钱秀才错占凤凰俦》：内中单表西洞庭有个富家，姓高名赞，少年惯走湖广，贩卖粮食。

二、粮食的内涵

在中国，粮食一般包括以下几种类型：①稻类，如籼稻、粳稻、糯稻、陆稻（旱稻）、深水稻等；②麦类，如小麦、大麦、青稞（元麦）、黑麦、燕麦等；③豆类，如大豆、小豆（红豆或赤豆）、绿豆、蚕豆、豌豆、豇豆等；④粗粮类，如玉米、高粱、荞麦、粟（谷子、小米）、黍（糜子）。此外，尚有作为补充主食用的粮食作物，如甘薯（红薯或白薯）、马铃薯（土豆）等。

在日常生活中，粮食还常分为主粮与杂粮。当今，中国最重要的粮食作物主要有5种（类），即水稻、小麦、玉米、大豆、薯类（主要包括甘薯和马铃薯），常被称为主粮。五大主粮作物以外的粮豆作物，则被称为杂粮（或小杂粮），包括高粱、谷子（粟）、荞麦（甜荞、苦荞）、燕麦（莜麦）、大麦、糜子、黍子、薏仁、籽粒苋等谷类作物，以及菜豆（芸豆）、绿豆、小豆（红小豆、赤豆）、蚕豆、豌豆、豇豆、小扁豆（兵豆）、黑豆等豆类作物。与主粮相比，杂粮具有以下特点：生长期短、播种面积小、种植地区特殊、产量较低，但一般含有丰富的营养成分。

三、粮食的特征

粮食是维系人类生存的极其宝贵的生活必需资料，价值十分珍贵，并且具有可运输性和耐储藏性（与其他一般农产品比较）等特征。这里主要从粮食与食物、谷物的差别的角度来认识粮食的特征。显然，粮食与食物、谷物有联系，但是彼此不同，三者有差别，其特征可比较如下。

食物（food）是指能够满足机体正常生理和生化能量需求，并能延续正常寿命的物质。对人体而言，能够满足人的正常生活需求并利于寿命延长的物质被称为食物。食物通常由碳水化合物、脂肪、蛋白质、水构成，是能够为人类或者生物提供营养及让人感到愉悦的物质。食物的来源可以是植物、动物或者微生物（如真菌），也可以是发酵产品（如酒精）。人类通过采集、耕种、畜牧、狩猎、渔猎等方式获得食物。

粮食（grain）是指烹饪食品中各种植物种子的总称。在我国，粮食由供食用的谷物、豆类和薯类构成，其中谷物是主体，谷物产量占我国粮食总产量的90%以上（表1-1）。

表1-1　2010～2020年我国谷物产量占粮食总产量比重

年份	谷物产量/万吨	粮食总产量/万吨	谷物产量占粮食总产量比重/%
2010	51 196.7	55 911.3	91.57
2011	54 061.7	58 849.3	91.86
2012	56 659.0	61 222.6	92.55
2013	58 650.4	63 048.2	93.02
2014	59 601.5	63 964.8	93.18
2015	61 818.4	66 060.3	93.58
2016	61 666.5	66 043.5	93.37
2017	61 520.5	66 160.7	92.99
2018	61 003.6	65 789.2	92.73
2019	61 369.7	66 384.3	92.45
2020	61 674.3	66 949.2	92.12

资料来源：《中国统计年鉴2021》[2]。

谷物（cereal）涵盖的范围较广，包括稻谷、小麦、玉米、高粱、大麦、荞麦、粟、黍、燕麦等各类作物，是许多国家的传统主食，也是联合国粮食及农业组织（Food and Agriculture Organization of the United Nations，FAO，简称联合国粮农组织）关注的重点。

豆类是豆科作物的种子，包括大豆、绿豆、蚕豆、豌豆、小豆和豇豆等。

薯类包括甘薯、马铃薯等生物的块根块茎，以及用以制成的薯干等，按鲜薯5∶1折算成粮食，但一般不包括木薯和芋头。

第二节 粮食的地位与功能

2013年12月23～24日，中央农村工作会议在北京举行。习近平在会上发表重要讲话指出，“洪范八政，食为政首。”[3]我国是个人口众多的大国，解决好吃饭问题始终是治国理政的头等大事。

2020年，中央一号文件《中共中央 国务院关于抓好“三农”领域重点工作 确保如期实现全面小康的意见》明确指出，确保粮食安全始终是治国理政的头等大事。粮食生产要稳字当头，稳政策、稳面积、稳产量[4]。

2021年，中央一号文件《中共中央 国务院关于全面推进乡村振兴 加快农业农村现代化的意见》明确指出，提升粮食和重要农产品供给保障能力要稳定粮食播种面积、提高单产（即单位面积产量）水平[5]。

2022年，中央一号文件《中共中央 国务院关于做好2022年全面推进乡村振兴重点工作的意见》进一步强调，坚持中国人的饭碗任何时候都要牢牢端在自己手中，饭碗主要装中国粮[6]。

2022年3月6日，在全国“两会”期间，习近平明确指出：在粮食安全这个问题上不能有丝毫麻痹大意，不能认为进入工业化，吃饭问题就可有可无，也不要指望依靠国际市场来解决。要未雨绸缪，始终绷紧粮食安全这根弦，始终坚持以我为主、立足国内、确保产能、适度进口、科技支撑[7]。

一、粮食的地位

粮食的地位主要体现在以下3个方面。

（一）基础性

早在30多年前，卢良恕等[8]就明确指出，农业是国民经济的基础，粮食是基础的基础，这一科学论断已为我国经济、社会长期发展的实践所证实，而且今后较长的历史时期内也不会出现根本性变化。由此可见粮食的基础性地位之重要。

粮食的基础性地位可以进一步从以下几个方面理解。第一，粮食是人类生存的基础。没有粮食，人类无法生存，人类社会也就无从谈起。第二，粮食是人类社会稳定和发展的基础。中国是一个具有五千年文明的东方农业大国。从中国社会历史的变迁和发展来看，凡是粮食充足之时，社会就稳定发展；凡是自然灾害频发，粮食歉收、失收或颗粒无收之时，则社会动荡，甚至出现政权更迭。考察历史上的多次农民起义，虽然原因是多方面的，但往往是从老百姓没有粮食、无法生活与生存下去开始的。第三，粮食是产业发展的基础。粮食不仅是人类生存和发展的基本生活资料，还是产业（尤其是与农业相关产业）发展的基础。没有粮食或粮食不能满足需要，产业（尤其是与农业相关的诸多产业，如食品工业、饲料工业、粮食加工业等）都将受到极大影响。正如马克思所说："食物（粮食）的生产是直接生产者的生存和一切生产的首要条件。"

（二）战略性

粮食是关系国计民生的、特殊的、重要的战略性资源。"国无农不稳，民无粮不安"，粮食一直是维系国家政治稳定、国运昌盛、经济发展、国力提升和人民安宁的首要条件。

和平年代，要重视粮食，粮安天下。战争时期，兵马未动，粮草先行。动荡年代，要"深挖洞，广积粮"。

"为政之要，首在足食"。历朝历代的政治家和领导人，无不重视粮食。毛泽东历来重视粮食，"手中有粮，心中不慌"[9]。

美国前国务卿基辛格提到：如果你控制了石油，你就控制了所有的国家；如果你控制了粮食，你就控制了所有的人[10]！

由此足以看出粮食的战略性地位。

（三）不可替代性

粮食不仅具有基础性、战略性的地位，还具有不可替代性的地位。粮食虽然是农产品中的一种（类），但与其他农产品有着本质的不同。在人们日常生活中，其他农产品（如蔬菜、水果、鱼、肉等）可以多吃、少吃或不吃，但唯独粮食不然。人们必须餐餐吃"饭"（粮食）、天天用粮。所谓"人是铁，饭是钢，一顿不吃饿得慌"，说的正是粮食的重要性和不可替代性。人们要生存、生活，就必须获取粮食、食用粮食，粮食是其他任何农产品都无法比拟、无法替代的。

二、粮食的功能

粮食的功能是多方面的，如社会功能、经济功能和生态功能等。本部分主要从 7 个方面来简述。

（一）食用功能

粮食最重要的功能就是可供人们日常食用，是人们生活中的“主食”。粮食在人们日常生活中，不是可有可无的，而是必需的。一个人只有坚持“吃饭”（食用粮食），方能延续生命；否则，无法生存。

（二）饲用功能

发展畜牧业、水产业（渔业），必须投入饲料（饵料），而饲料大多直接或间接来源于粮食，尤其在我国南方（如江西等省），许多农村往往有粮饲不分、粮饲混用的习惯。在粮食中，稻米、玉米、大豆（豆粕）、甘薯等都是很好的饲料，玉米还被称作“饲料之王”。可见，发展粮食生产，有利于发展畜牧业，正所谓“粮多→猪多→肥多→粮多”。

（三）药用功能

粮食不仅有食用、饲用功能，还具有药用功能。

水稻是主要粮食作物之一。稻米中的糙米能帮助消化，能排除毒素。糙米保留了胚芽，胚芽体积只占米的3%，但所含的维生素和矿物质占70%，特别是维生素B_1。因此，糙米更适合想保持苗条身材的人食用。

绿豆是人们常见的食品，性凉味甘，有清热解毒、止渴消暑、利尿润肤的功能，自古以来就因能药用而备受重视。绿豆营养丰富，可做豆粥、豆饭，或发芽做菜，故绿豆有“食中佳品，济世长谷”之称。现代医学研究发现，服食绿豆芽可改善维生素A缺乏引起的夜盲症、维生素B_2缺乏引起的舌疮口炎及阴囊炎、维生素C缺乏引起的坏血病等症。绿豆营养丰富、药用价值高，常食用绿豆对人体有很好的食疗作用。

小米（粟）具有益肾、养胃、除热补虚、安神等功效。小米所含的丰富的色氨酸可轻松被人体吸收，色氨酸可转化为5-羟色胺（又名血清素），进而转化为褪黑素，能够调节食欲、睡眠、情绪，是很好的安眠健胃食品。

高粱能温中涩肠、止霍乱、利小便、健脾益中、补气清胃。高粱对小孩消化不良、大人脾胃气虚症状有一定的补益作用，能够促进食欲、增强体质。

（四）能源功能

粮食不仅可食用、饲用、药用，还可用于生产生物质能源。例如，美国用大豆生产生物质能源非常成功，欧洲联盟（European Union，EU，简称欧盟）主要使用质量差、变质的小麦来生产生物燃料（乙醇），加拿大主要使用玉米进行生物质能源生产。

中国人均耕地少，人粮关系紧张，不提倡用耕地种植能源作物（尤其是能源粮食作物），一般不用或少用粮食（如稻米、小麦、玉米等的陈化粮）生产生物质能源。

从未来世界能源发展主要趋势来看，生物质能源是全球最具前景的可再生替代能源，是绿色能源，尤其是其中的生物燃气，是世界范围内最具商业化发展潜力的生物质能源之一，其发展前景十分广阔。

（五）增收功能

粮食主要通过 3 条途径促进农民增收。①通过直接出售原粮（如稻谷、小麦、玉米、大豆等）增加经济收入。②通过粮食转化实现增收：一是用粮食（稻谷、玉米、大豆等）做饲料发展养殖业，经济效益往往高于直接出售原粮；二是通过加工转化粮食，如用稻米加工成米粉丝、用甘薯块加工成薯粉丝等，其经济效益十分可观，如果能进行粮食的精加工、深加工，则其经济效益更佳。③通过产业融合增加收入。例如将粮食生产与旅游业结合起来，建设“稻田公园”，发展“稻田旅游”“乡村旅游”等，其经济收入可高于前二者（直接出售原粮和粮食转化）几倍至几十倍甚至更高。

（六）贸易功能

粮食是重要的、特殊的商品。粮食贸易在世界经济发展中占有重要地位并起着重要作用。粮食贸易是中国农产品贸易的主要内容，也是保障粮食安全的重要途径。21 世纪以来，中国粮食进出口规模持续扩大、品种日益丰富、进口集中度呈下降趋势，对于平衡国内粮食供需、调剂品种结构、稳定市场价格都有着积极作用[12]。

全球粮食贸易总量从 1961 年的 1.29 亿吨，增长到 2013 年的 8.53 亿吨；粮食贸易额从 1961 年的 93 亿美元增长到 2013 年的 3468 亿美元[12]。

中国是世界上最大的粮食贸易国和粮食进口国。2018 年，中国粮食对外贸易总量为 11 921 万吨，其中进口量为 11 555 万吨[13]。中国粮食进口量由 2000 年的 1357 万吨上升到 2010 年的 6051 万吨和 2019 年的 10 609 万吨[14]，呈现快速增长趋势。随着对外粮食贸易规模的不断增大，粮食贸易与粮食安全之间的关系受到越来越多的关注。

数据显示，中国谷物、谷物粉和大豆进出口贸易量由 2009 年的 4737 万吨上升到 2018 年的 11 112.6 万吨[13]。

从中国稻谷生产来看，2015～2018 年，全国水稻播种面积各年分别为 3078.4 万公顷、3074.6 万公顷、3074.7 万公顷和 3018.9 万公顷，水稻总产量分别为 21 214.2 万吨、21 109.4 万吨、21 267.6 万吨和 21 212.9 万吨[13]。总体来看，2015～

2018年，中国稻谷产量相比稻谷出口大国（美国、越南、印度、泰国）来说，中国稻谷的产量和出口竞争力还较低。

从中国小麦生产来看，中国已经是小麦净进口国家。自2001年以来，中国小麦进口贸易基本持续快速增长，从2001年进口69.01万吨，到2016年进口337.43万吨、2017年进口429.65万吨、2018年进口287.61万吨[15]。相对于全球其他小麦出口量大的国家，中国小麦的国际竞争力非常小。

从中国玉米生产来看，中国已经是玉米净进口国家。2007年，中国玉米进口量只有3.52万吨，2010年达到157.24万吨，2012年高达520.71万吨，2018年进口352.4万吨[15]。中国玉米出口量却非常有限，2016年只出口了1万吨左右，与巨大的进口量相比，差距很大，对于国际竞争力的影响很弱。特别值得一提的是，中国玉米的产量仅次于美国，居全球第2位，这意味着国内玉米高库存受国家政策的影响，而非国内产需缺口。

从中国大豆生产来看，大豆是中国第一个放开进口的大宗农产品。2003年，大豆进口量首次超过国内产量，之后大豆进口量逐年增加。大豆作为中国重要的粮食作物，大量进口直接威胁中国的粮食安全。2011年以来，中国粮食进口量逐年增加，2017年高达1.07亿吨，其中大豆是进口量最多的粮食作物。2011年大豆进口量仅为0.53亿吨，2017年增加到0.96亿吨，2018年仍有0.88亿吨。2011～2018年，大豆进口量占粮食总进口量的比重都在80%以上，中国大豆进口量占全球大豆贸易量的60%。从大豆进口依存度来看，2011年以来，大豆进口依存度始终维持在70%以上，2015年大豆进口依存度达到近年峰值（87%），2016年和2017年大豆进口依存度仍然高达86%左右[16]。综合国内外发展环境与态势来看，中国大豆市场供给以进口为主的格局不会很快发生改变。

（七）货币功能

粮食本身是“物”，是重要的、特殊的商品，而不是“货币”“钱”。但在现实生活和生产实践中，粮食在一定程度上充当了“货币”“钱”，具有货币功能。

当前中国许多农村正广泛实行土地流转，这是当今中国乡村土地利用最突出的变化之一。21世纪初期以来，伴随着快速工业化、城镇化的进程，农村土地流转的速度和规模日益增大。截至2016年，全国流转耕地面积占家庭承包耕地总面积的35%左右。2017年，全国流转耕地面积达5.12亿亩（1亩≈666.7平方米），比2007年全国流转耕地面积（0.64亿亩）增加了7倍[17]。实践表明，土地流转是优化乡村资源配置的有效途径，合理的土地流转能促进农地适度规模经营、农业结构调整和农业现代化。

在土地流转过程中，农民将自家承包的小面积耕地（3～5亩或5～10亩）自愿流转给种粮大户、专业合作社、家庭农场或休闲农庄等经营主体经营，而接受了流转土地的经营主体每年给土地承包者一定的租金，有的租金是钱，有的租金则是稻谷。例如，每年以每亩 200 千克或 300 千克稻谷作为租金租给土地承包者，在这里，稻谷充当了货币。农民这样做，其实就是考虑了货币会贬值，而给稻谷更可靠、更实惠，不存在贬值的问题。

第三节　粮食生产与粮食安全

一、世界粮食生产

半个多世纪以来，世界主要粮食作物产量呈现波动中有增加的趋势，粮食产量由 1961 年的 6.6 亿吨增至 2016 年的 28.8 亿吨，增长了 3.4 倍。其中，世界水稻产量从 1961 年的 2.16 亿吨增至 2016 年的 7.41 亿吨，增长了 2.43 倍，低于世界粮食年均增长率；世界小麦产量从 1961 年的 2.22 亿吨增至 2016 年的 7.49 亿吨，增长了 2.37 倍，低于世界粮食年均增长率；世界玉米产量从 1961 年的 1.99 亿吨增至 2016 年的 10.15 亿吨，增长了 4.1 倍，高于世界粮食年均增长率[18]。

1961～2020 年世界三大粮食作物（水稻、小麦、玉米）总产量如表 1-2 所示。

表 1-2　1961～2020 年世界三大粮食作物（水稻、小麦、玉米）总产量

单位：万吨

年份	水稻总产量	小麦总产量	玉米总产量
1961	21 565	22 236	19 853
1962	22 646	25 032	19 802
1963	24 712	23 334	21 418
1964	26 293	26 879	20 809
1965	25 406	26 365	21 970
1966	26 118	30 379	23 684
1967	27 739	29 430	26 212
1968	28 862	32 684	24 712
1969	29 558	30 864	26 026
1970	31 635	31 074	25 431
1971	31 771	34 753	30 146
1972	30 729	34 300	30 067
1973	33 493	36 933	30 608
1974	33 197	35 883	29 416
1975	35 696	35 581	33 143
1976	34 769	41 987	34 394
1977	36 948	38 228	36 056

续表

年份	水稻总产量	小麦总产量	玉米总产量
1978	38 521	44 384	38 108
1979	37 525	42 300	40 698
1980	39 687	44 019	38 739
1981	41 008	44 963	43 106
1982	42 195	47 677	43 631
1983	44 802	48 956	33 521
1984	46 534	51 233	43 798
1985	46 816	49 953	47 051
1986	46 868	52 869	46 286
1987	46 144	50 508	44 085
1988	48 746	50 066	39 094
1989	51 442	53 821	46 930
1990	51 857	59 133	47 549
1991	51 852	54 782	48 409
1992	52 788	56 511	52 089
1993	52 960	56 474	46 364
1994	53 859	52 544	55 575
1995	54 716	54 436	50 319
1996	56 866	57 862	57 256
1997	57 714	61 465	56 573
1998	57 881	59 618	59 274
1999	61 118	58 476	59 090
2000	59 867	58 500	57 217
2001	60 025	58 824	59 675
2002	57 105	59 198	58 524
2003	58 693	55 005	62 679
2004	60 735	63 487	71 085
2005	63 423	62 694	68 983
2006	64 071	61 454	69 009
2007	65 656	60 668	76 770
2008	68 705	68 102	80 290
2009	68 566	68 419	80 270
2010	70 111	64 033	82 452
2011	72 638	69 770	85 730
2012	73 626	67 272	84 891
2013	74 199	71 096	97 867
2014	74 243	73 353	99 991
2015	74 008	73 698	97 185

续表

年份	水稻总产量	小麦总产量	玉米总产量
2016	74 096	74 946	101 529
2017	76 966	77 172	113 475
2018	78 156	71 790	113 391
2019	75 547	76 343	116 235
2020	78 729	75 904	121 024

世界人均粮食产量由 1961 年的 214.68 千克增至 2018 年的 344.21 千克，人均增长 129.53 千克[18]。

1961～2020 年世界人均粮食产量如表 1-3 所示。

表 1-3　1961～2020 年世界人均粮食产量　　单位：千克

年份	世界人均粮食产量	年份	世界人均粮食产量
1961	214.68	1987	298.28
1962	222.89	1988	286.02
1963	225.17	1989	310.87
1964	234.87	1990	317.74
1965	230.30	1991	305.10
1966	245.95	1992	313.91
1967	250.57	1993	299.43
1968	254.52	1994	309.71
1969	249.99	1995	299.34
1970	249.99	1996	317.24
1971	268.11	1997	321.77
1972	259.17	1998	321.91
1973	272.34	1999	320.54
1974	259.17	2000	311.98
1975	271.74	2001	315.30
1976	281.37	2002	306.12
1977	280.47	2003	306.26
1978	298.67	2004	334.08
1979	295.38	2005	331.01
1980	292.81	2006	327.14
1981	303.95	2007	335.61
1982	308.99	2008	353.78
1983	287.62	2009	348.55
1984	314.72	2010	349.36
1985	315.84	2011	361.04
1986	313.21	2012	350.59

续表

年份	世界人均粮食产量	年份	世界人均粮食产量
2013	375.57	2017	360.41
2014	381.21	2018	344.21
2015	375.47	2019	354.73
2016	380.42	2020	358.63

二、中国粮食生产

（一）粮食播种面积

从表 1-4 中可以看出，1949 年全国粮食作物播种面积为 11 010.0 万公顷，2020 年增加到 11 676.8 万公顷，增加 666.8 万公顷，增长 6.06%。历史上，全国粮食作物播种面积最大的年份是 1956 年，达到 13 633.9 万公顷；全国粮食作物播种面积最小的年份是 2003 年，跌至 10 000 万公顷以下，只有 9941.0 万公顷。

表 1-4 1949～2020 年中国粮食生产概况

年份	播种面积/万公顷	单产/（千克/公顷）	总产量/万吨
1949	11 010.0	1 028	11 318
1950	11 440.6	1 155	13 214
1951	11 776.9	1 220	14 362
1952	12 397.9	1 322	16 384
1953	12 663.7	1 317	16 678
1954	12 899.5	1 314	16 950
1955	12 989.3	1 415	18 385
1956	13 633.9	1 413	19 265
1957	13 363.3	1 460	19 504
1958	12 761.3	1 549	19 767
1959	11 602.3	1 462	16 968
1960	12 242.9	1 174	14 379
1961	12 144.3	1 123	13 644
1962	12 162.1	1 269	15 434
1963	12 074.1	1 373	16 572
1964	12 210.3	1 482	18 096
1965	11 962.7	1 626	19 451
1966	12 098.8	1 769	21 397
1967	11 923.0	1 827	21 783
1968	11 615.7	1 800	20 908
1969	11 760.4	1 794	21 098
1970	11 926.7	2 012	23 991

续表

年份	播种面积/万公顷	单产/（千克/公顷）	总产量/万吨
1971	12 084.6	2 070	25 015
1972	12 120.9	1 985	24 054
1973	12 115.6	2 187	26 497
1974	12 097.6	2 275	27 528
1975	12 106.2	2 351	28 456
1976	12 074.3	2 371	28 634
1977	12 040.0	2 348	28 264
1978	12 058.7	2 527	30 477
1979	11 926.3	2 784	33 203
1980	11 723.4	2 734	32 056
1981	11 495.8	2 827	32 504
1982	11 346.3	3 124	35 451
1983	11 404.7	3 396	38 730
1984	11 288.4	3 608	40 723
1985	10 884.5	3 483	37 911
1986	11 093.3	3 529	39 151
1987	11 126.8	3 637	40 473
1988	11 012.3	3 626	39 930
1989	11 220.5	3 693	41 442
1990	11 346.6	3 933	44 624
1991	11 231.4	3 876	43 529
1992	11 056.0	4 004	44 266
1993	11 050.9	4 131	45 649
1994	10 954.4	4 063	44 510
1995	11 006.0	4 240	46 662
1996	11 254.8	4 483	50 454
1997	11 291.2	4 377	49 417
1998	11 378.7	4 502	51 230
1999	11 316.1	4 493	50 839
2000	10 846.3	4 261	46 218
2001	10 608.0	4 267	45 264
2002	10 389.1	4 399	45 706
2003	9 941.0	4 333	43 070
2004	10 160.6	4 620	46 947
2005	10 427.8	4 642	48 402
2006	10 495.8	4 745	49 804
2007	10 563.8	4 748	50 160
2008	10 679.3	4 951	52 871

续表

年份	播种面积/万公顷	单产/（千克/公顷）	总产量/万吨
2009	10 898.6	4 871	53 082
2010	10 987.6	4 974	54 648
2011	11 057.3	5 166	57 121
2012	11 120.5	5 302	58 958
2013	11 195.6	5 377	60 194
2014	11 272.3	5 385	60 703
2015	11 334.3	5 483	62 143
2016	11 303.5	5 452	61 625
2017	11 222.0	5 506	61 791
2018	11 703.8	5 621	65 789
2019	11 606.4	5 720	66 384
2020	11 676.8	5 734	66 949

资料来源：《中国统计年鉴 2021》、《中国农业年鉴 2021》[19]、《中国耕作制度 70 年》[20]、《把中国人的饭碗牢牢端在自己手中：新中国粮食生产发展钩沉及策略》[21]等。

（二）粮食单产

从表 1-4 中可以看出，1949 年全国粮食作物单产为 1028 千克/公顷，1970 年越过 2 吨/公顷大关（达到 2.012 吨/公顷），1982 年越过 3 吨/公顷大关（达到 3.124 吨/公顷），1992 年越过 4 吨/公顷大关（达到 4.004 吨/公顷），2011 年越过 5 吨/公顷大关（达到 5.166 吨/公顷）。2020 年全国粮食作物单产增至 5734 千克/公顷，比 1949 年净增加 4706 千克/公顷，净增长 4.58 倍。

（三）粮食总产量

从表 1-4 中可以看出，1949 年全国粮食作物总产量为 11 318 万吨，1966 年登上 2 亿吨台阶（达到 2.1397 亿吨），1978 年登上 3 亿吨台阶（达到 3.0477 亿吨），1984 年登上 4 亿吨台阶（达到 4.0723 亿吨），1996 年登上 5 亿吨台阶（达到 5.0454 亿吨），2013 年登上 6 亿吨台阶（达到 6.0194 亿吨）。2020 年全国粮食作物总产量达到 66 949 万吨，比 1949 年净增加 55 631 万吨，净增长 4.92 倍。

（四）人均粮食占有量

从表 1-5 中可以看出，1949 年全国总人口为 54 167 万人，人均粮食占有量为 208.9 千克[22-24]；1956 年全国人均粮食占有量达到 300 千克以上（306.6 千克）；1996 年全国人均粮食占有量达到 400 千克以上（412.2 千克）。2020 年中国（大陆）总人口达到 141 212 万人，人均粮食占有量为 474.1 千克，比 1949 年人均粮食占有量增加 265.2 千克，净增长 1.27 倍，高于世界平均水平。

表 1-5　1949～2020 年中国人均粮食占有量

年份	总人口/万人	粮食总产量/万吨	人均粮食占有量/千克
1949	54 167	11 318	208.9
1950	55 196	13 214	239.4
1951	56 300	14 362	255.1
1952	57 482	16 384	285.0
1953	58 796	16 678	283.7
1954	60 266	16 950	281.3
1955	62 465	18 385	294.3
1956	62 828	19 265	306.6
1957	64 653	19 504	301.7
1958	65 994	19 767	299.5
1959	67 207	16 968	252.5
1960	66 207	14 379	217.2
1961	65 859	13 644	207.2
1962	67 295	15 434	229.3
1963	69 172	16 572	239.6
1964	70 499	18 096	256.7
1965	72 538	19 451	268.1
1966	74 542	21 397	287.0
1967	76 368	21 783	285.2
1968	78 534	20 908	266.2
1969	80 671	21 098	261.5
1970	82 992	23 991	289.1
1971	85 229	25 015	293.5
1972	87 177	24 054	275.9
1973	89 211	26 497	297.0
1974	90 859	27 528	303.0
1975	92 420	28 456	307.9
1976	93 717	28 634	305.5
1977	94 974	28 264	297.6
1978	96 259	30 477	316.6
1979	97 542	33 203	340.4
1980	98 705	32 056	324.8
1981	100 072	32 504	324.8
1982	101 654	35 451	348.7
1983	103 008	38 730	376.0
1984	104 357	40 723	390.2

续表

年份	总人口/万人	粮食总产量/万吨	人均粮食占有量/千克
1985	105 851	37 911	358.2
1986	107 507	39 151	364.2
1987	109 300	40 473	370.3
1988	111 026	39 930	359.6
1989	112 704	41 442	367.7
1990	114 333	44 624	390.3
1991	115 823	43 529	375.8
1992	117 171	44 266	377.8
1993	118 517	45 649	385.2
1994	119 850	44 510	371.4
1995	121 121	46 662	385.3
1996	122 389	50 454	412.2
1997	123 626	49 417	399.7
1998	124 761	51 230	410.6
1999	125 786	50 839	404.2
2000	126 743	46 218	364.7
2001	127 627	45 264	354.7
2002	128 453	45 706	355.8
2003	129 227	43 070	333.3
2004	129 988	46 947	361.2
2005	130 756	48 402	370.2
2006	131 448	49 804	378.9
2007	132 129	50 160	379.6
2008	132 802	52 871	398.1
2009	133 450	53 082	397.8
2010	134 091	54 648	407.5
2011	134 916	57 121	423.4
2012	135 922	58 958	433.8
2013	136 726	60 194	440.3
2014	137 646	60 703	441.0
2015	138 326	62 143	449.3
2016	139 232	61 625	442.6
2017	140 011	61 791	441. 3
2018	140 541	65 789	468.1
2019	141 008	66 384	470.8
2020	141 212	66 949	474.1

三、粮食安全

（一）粮食安全的提出

2020 年 8 月 18 日，作者利用中国知网，以“粮食安全”为篇名进行检索，共检索出相关文献（包括英文文献）21 187 条（篇），具体内容如表 1-6 所示。

表 1-6　不同年份以“粮食安全”为篇名的相关文献量

年份	文献量/（条或篇）	年份	文献量/（条或篇）
1952	1	1992	51
1955	2	1993	67
1957	1	1994	78
1960	2	1995	77
1963	4	1996	110
1964	2	1997	152
1965	1	1998	173
1966	2	1999	182
1968	2	2000	183
1971	3	2001	324
1972	4	2002	263
1973	7	2003	312
1974	2	2004	558
1975	2	2005	528
1976	6	2006	462
1977	3	2007	442
1978	19	2008	1 122
1979	20	2009	1 210
1980	19	2010	1 362
1981	11	2011	1 335
1982	20	2012	1 134
1983	15	2013	1 254
1984	20	2014	1 452
1985	17	2015	1 492
1986	14	2016	1 393
1987	16	2017	1 254
1988	22	2018	1 279
1989	30	2019	1 498
1990	76	2020	1 037
1991	60	合计	21 187

（二）粮食安全的含义

对搜索到的已发表的文献进行研读分析，发现不同时期的“粮食安全”具有不同含义。

1. 粮食“管理”安全

20 世纪 50～60 年代，“粮食安全”更多的是强调粮食“管理”安全。例如，1955 年发表于《江西政报》的短评——《切实做好粮食安全运输入库工作》[25]，以及 1960 年刊登于《湖南政报》的《湖南省人民委员会关于加强粮食安全保管保卫工作的指示》[26]，都强调加强粮食“产后”环节的安全运输、安全入库、安全保管和保卫等粮食“管理”安全工作。

2. 粮食“数量”安全

从 20 世纪 70 年代开始，“粮食安全”主要强调粮食的“数量”安全——粮食够不够吃？会不会因为“缺粮”而挨饿？20 世纪 70 年代，联合国粮农组织就粮食安全下了一个定义，认为“粮食安全”就是保证任何人在任何时候都能得到为了生存和健康所需的足够粮食。1983 年，世界粮食安全委员会（Committee on World Food Security，CFS）提出并通过了“粮食安全”的最终目标：“粮食安全的最终目标应该是，确保所有的人在任何时候既能买到又能买得起他们所需的基本食品。”显然，粮食“数量”安全问题已被摆到突出位置。

特别要指出的是，1979 年 11 月，第 20 届联合国粮农组织大会决定将 1981 年 10 月 16 日定为首个世界粮食日[27]。此后每年的 10 月 16 日都为世界粮食日，开展各种纪念活动，并且每年都确定一个主题（表 1-7）。这对确保世界粮食“数量”安全提出了具体的要求和目标。

表 1-7 历年世界粮食日的主题

年份	主题
1981	粮食第一
1982	粮食第一
1983	粮食安全
1984	妇女参与农业
1985	乡村贫困
1986	渔民和渔业社区
1987	小农
1988	乡村青年
1989	粮食与环境

续表

年份	主题
1990	为未来备粮
1991	生命之树
1992	粮食与营养
1993	收获自然多样性
1994	生命之水
1995	人皆有食
1996	消除饥饿和营养不良
1997	投资粮食安全
1998	妇女养供世界
1999	青年消除饥饿
2000	没有饥饿的千年
2001	消除饥饿，减少贫困
2002	水：粮食安全之源
2003	关注我们未来的气候
2004	生物多样性促进粮食安全
2005	农业与跨文化对话
2006	投资农业促进粮食安全以惠及全世界
2007	食物权
2008	世界粮食安全，气候变化和生物能源的挑战
2009	应对危机，实现粮食安全
2010	团结起来，战胜饥饿
2011	粮食价格——走出危机走向稳定
2012	办好农业合作社，粮食安全添保障
2013	发展可持续粮食系统，保障粮食安全和营养
2014	家庭农业：供养世界，关爱地球
2015	社会保护与农业：打破农村贫困恶性循环
2016	气候在变化，粮食和农业也在变化
2017	改变移民未来——投资粮食安全，促进农村发展
2018	行动造就未来——到2030年能够实现零饥饿
2019	行动造就未来，健康饮食，实现零饥饿
2020	齐成长、同繁荣、共持续，行动造就未来
2021	行动造就未来。更好生产、更好营养、更好环境、更好生活
2022	不让任何人掉队。更好生产、更好营养、更好环境、更好生活

3. 粮食“质量”安全

实际上，粮食不仅具有“数量”安全的问题，还具有“质量”安全的问题。进入21世纪，尤其是2001年中国加入世界贸易组织（World Trade Organization，

WTO）之后，粮食“质量”安全问题被提上议事日程。2001 年，中国科学院南京土壤研究所的曹志洪、史学正在《科学新闻》上发表《提高土壤质量是实现我国粮食安全保障的基础》，文中明确指出：土壤质量退化导致粮食品质次、产量不稳[28]。2006 年，范正辉、夏启英、张粉宝在《上海农业科技》上发表《粮食安全与农产品质量安全》，文中指出：随着环境污染加重与消费水平提高，粮食质量安全问题和食物（食品）安全问题日益重要[29]。值得注意的是，粮食“质量”安全问题也常常被称作“食品安全问题”或“食物安全问题”。也就是说，“粮食安全”问题强调的是“量”的安全，而“食品安全问题”或“食物安全问题”强调的是“质”的安全。

因此，在当前日常工作、生活或学术研究中，常常用“食品安全问题”或“食物安全问题”代替粮食“质量”安全问题。“粮食安全”问题则指其数量安全问题（除非特别注明），或者说，当前经常讲的“粮食安全”，在没有特别说明的情况下，就是指粮食的“数量”安全[30]。

（三）粮食安全评价指标

如何衡量、评价粮食的安全性？或者说，粮食安全如何判定？国际机构习惯以世界结转库存量占下年消费量的百分率作为粮食安全系数，以衡量下年度粮食供应前景的好坏，粮食安全系数以 17%～18%为临界点，即库存粮食可供两个多月消费需要，以接上下一季度（或下一年度）的生产供应。若此系数在 14%以下，再加上其他因素，就可能出现缺粮危机，即粮食不安全状况。

（四）当前粮食安全的形势

1. 世界粮食安全形势

就全球而言，粮食安全的基本态势如下：第一，粮食供给处于紧平衡；第二，粮食价格滞留于高位；第三，饥饿人口仍然存在且数量居高不下，世界粮食安全形势仍然严峻。据联合国粮农组织提供的数据，2015 年世界尚有 7.77 亿人口食物不足，全球食物不足发生率仍高达 10.6%。根据世界卫生组织（World Health Organization，WHO）估算，全球每年有多达 6 亿人、近 1/10 的人口，因食用受到污染的食品而生病，造成约 42 万人死亡。从全球来看，截至 2018 年，人类仍然面临粮食安全领域的诸多挑战：在全球粮食供应不平衡、气候变化、生态破坏、生物多样性减少、资源和环境压力巨大的背景下，亚洲有 4 亿多人营养不良，撒哈拉以南一些非洲国家有 40%以上的人口常年经历战乱，面临着饥饿的威胁、极度的贫困和疾病[31]。显然，确保世界粮食安全，仍然任重道远。

2. 中国粮食安全形势

中国以世界 9%的耕地、6%的淡水资源，养育了世界近 1/5 的人口[32]，这是中国对世界粮食安全做出的最大贡献。但当前及未来中国粮食生产面临诸多问题与挑战，粮食安全形势仍不容乐观。当前中国粮食自给率低、进口量大，产品品质不能满足消费者要求，由环境污染尤其是土壤重金属污染造成的“汞米”“镉米”“铅米”等的出现，已给中国粮食质量安全敲响警钟。未来，中国必须在粮食数量及品质（质量）上“双向发力”——既确保粮食数量安全，又使粮食质量满足需求，真正做到既“吃得饱”，又“吃得好”“吃得安全”，更“吃得健康”“吃得便利”“吃得舒心”。

（五）确保粮食安全的对策

从国际上来说，广义的“粮食安全”应有 4 个维度：第一，保证有足够的粮食产量；第二，保证粮食的可获得性；第三，保证食用粮食的安全、卫生、有营养；第四，保证粮食供应的稳定性。基于此，未来维护世界粮食安全、中国粮食安全应采取以下战略对策：①可通过扩大播种面积（局部地区）、提高单产（选育优育品种、改革种植制度、合理耕作与施肥等）、提高粮食生产科技贡献率等途径增加粮食产量；②改善农业生态环境，消除农田污染物质，生产优质、安全、无污染、营养物质含量高且具有保健功能的粮食，如绿色大米、有机大米等；③提高粮食价格，并给予粮食生产者应有的补贴，从而提高粮食生产者的积极性；④加强农田基本建设，提高农业防灾减灾能力，保障粮食生产稳定持续发展；⑤节约粮食，减少浪费。据估算，中国作为发展中国家，每年浪费的粮食为 6000 万～7000 万吨，这相当于两亿人一年的口粮。因此，节约粮食潜力大、意义大，势在必行。

参 考 文 献

[1] 习近平．决胜全面建成小康社会 夺取新时代中国特色社会主义伟大胜利：在中国共产党第十九次全国代表大会上的报告[R]．北京：人民出版社，2017.

[2] 国家统计局．中国统计年鉴 2021[M]．北京：中国统计出版社，2021.

[3] 衣纳．【每日一习话】洪范八政，食为政首[EB/OL]．（2020-03-18）[2024-02-01]．http://m.cnr.cn/news/20200318/t20200318_525020292.html?ivk_sa=1024320u.

[4] 中共中央，国务院．中共中央 国务院关于抓好“三农”领域重点工作确保如期实现全面小康的意见[N]．人民日报，2020-02-06（1).

[5] 中共中央，国务院．中共中央 国务院关于全面推进乡村振兴 加快农业农村现代化的意见[N]．人民日报，2021-02-22（1).

[6] 中共中央，国务院．中共中央 国务院关于做好 2022 年全面推进乡村振兴重点工作的意见[N]．人民日报，2022-02-23（1).

[7] 王小婷.「每日一习话」始终绷紧粮食安全这根弦[EB/OL].(2022-12-24)[2024-02-01]. https://baijiahao.baidu.com/s?id=1753056701765428901&wfr=spider&for=pc.
[8] 卢良恕，刘志澄，蒋建平，等. 粮食的基础地位不可动摇[J]. 农业经济问题，1989（6）：15-18.
[9] 吴克明. 夯实国家安全发展的粮食基础[N]. 湖南日报，2018-08-04（7）.
[10] 姚鹏飞. 粮食安全是国家安全的基础[J]. 地球，2014（2）：1.
[11] 张小瑜. 粮食安全视角下的中国粮食贸易展望[J]. 农业展望，2016，12（1）：65-71.
[12] 许世卫，王禹，潘月红，等. 全球主要粮食生产与贸易格局演变分析与展望[J]. 农业展望，2018，14（3）：73-87.
[13] 国家统计局. 中国统计年鉴 2019[M]. 北京：中国统计出版社，2019.
[14] 郑国富. 中国小麦进口贸易发展的格局演进与路径优化[J]. 农业展望，2020，16（1）：127-131.
[15] 王荣森，吴蓉，陈阳. 中国粮食进口安全与地区结构研究[J]. 当代经济，2020（5）：4-10.
[16] 翟涛，吴玲. 开放视角下中国大豆产业发展态势与振兴策略研究[J]. 大豆科学，2020，39（3）：472-478.
[17] 朱冬亮. 农民与土地渐行渐远：土地流转与“三权分置”制度实践[J]. 中国社会科学，2020（7）：123-144，207.
[18] 许世卫，王禹，潘月红，等. 全球主要粮食生产与贸易格局演变分析及展望[J]. 农业展望，2018，14（3）：73-87.
[19] 中国农业年鉴编辑委员会. 中国农业年鉴 2021[M]. 北京：中国农业出版社，2021.
[20] 王宏广. 中国耕作制度 70 年[M]. 北京：中国农业出版社，2005.
[21] 郭书田. 把中国人的饭碗牢牢端在自己手中：新中国粮食生产发展钩沉及策略[J]. 北京工业大学学报（社会科学版），2020，20（5）：1-11.
[22] 王立祥，廖允成. 中国粮食问题：中国粮食生产能力提升及战略储备[M]. 北京：阳光出版社，2013.
[23] 高照良，彭珂珊. 现阶段我国粮食安全形势和目标及途径研究[J]. 粮食经济研究，2015，1（2）：1-16.
[24] 彭珂珊. 粮食安全：世纪挑战与应对：为我国粮食总产量（2004—2015 年）实现“12 连增”而作[J]. 首都师范大学学报（自然科学版），2016，37（4）：55-64.
[25] 佚名. 切实做好粮食安全运输入库工作[J]. 江西政报，1955（13）：33-34.
[26] 佚名. 湖南省人民委员会关于加强粮食安全保管保卫工作的指示[J]. 湖南政报，1960（10）：179-180.
[27] 陈蛰蛰. 世界粮食安全形势和展望[J]. 世界农业，1986（10）：3-5.
[28] 曹志洪，史学正. 提高土壤质量是实现我国粮食安全保障的基础[J]. 科学新闻，2001（46）：9-10.
[29] 范正辉，夏启英，张粉宝. 粮食安全与农产品质量安全[J]. 上海农业科技，2006（1）：1-2.
[30] 黄国勤. 江西粮食生产与粮食安全[J]. 中国农业科技导报，2004，6（4）：28-32.
[31] 牛荷. 如何走出一条符合中国实际的粮食安全之路？——专访联合国粮农组织前副总干事何昌垂[J]. 农经，2018（1）：52-57.
[32] 常钦，王玉琳，葛孟超，等. 代表委员热议保障粮食安全：饭碗一起端 责任一起扛[N]. 人民日报，2022-03-09（13）.

第二章　江西粮食生产的基础条件

自 1949 年以来，江西粮食生产不断发展、壮大，这主要得益于以下 3 个方面：一是良好的自然生态基础；二是有利的社会经济条件；三是国家不断出台对粮食生产的扶持政策。可以说，好的政策是江西粮食生产发展、壮大的关键和根本原因。本章将从自然生态基础、社会经济条件和国家扶持政策 3 个方面来介绍江西粮食生产的基础条件。

第一节　自然生态基础

江西（简称“赣”）位于长江中下游南岸，地处北纬 24°29′～30°04′、东经 113°34′～118°28′，东邻浙江、福建，南连广东，西接湖南，北毗湖北、安徽[1]。江西北控长江，上接武汉三镇（武昌、汉口、汉阳），下通南京、上海，东南与沿海开放城市相邻近。京九铁路和浙赣铁路纵横贯通江西全境，交通便利，地理位置优越。

一、气候

江西地处亚热带，东近海洋，西连内陆，气候受东南季风影响明显，四季分明，光照充足，雨量丰沛。江西东、西、南三面环山，中间丘陵起伏，北部为鄱阳湖平原。复杂的地形地貌使江西气候资源分布复杂多样，区域差异明显，适宜发展农业生产、粮食生产。

1. 光照

江西年均太阳辐射总量为 397.65～482.73 千焦/厘米^2，全省年均日照时数为 1489～2086 小时，都昌、鄱阳、乐平、景德镇一带年均日照时数较多，在 2000 小时以上；铜鼓和崇义一带年均日照时数较少，不足 1500 小时。江西 2019 年和 2020 年的日照时数分别为 1615.9 小时[2]和 1478.6 小时。

2. 温度

江西气候属亚热带温暖湿润季风气候，年均温为 16.3～19.5℃，一般温度自北向南递增。2019 年全省平均气温为 18.9℃，2020 年全省平均气温为 19.0℃。赣东北、赣西北山区与鄱阳湖平原年均温为16.3～17.5℃，赣南盆地年均温则为19.0～19.5℃。夏季较长，除省境周围山区7月均温为26.9～28.0℃外，其余地区7月均温为28.0～29.8℃，南北差异很小。极端最高温大部分在40℃以上，成为长江中游最热地区之一。冬季较短，赣北鄱阳湖平原1月均温为3.6～5.0℃，赣南盆地1月均温为6.2～8.5℃。全省冬暖夏热，无霜期长达240～307天。日均温稳定大于或等于10℃的持续期为240～270天，大于或等于0℃的活动积温为6500～7000℃，大于或等于10℃的活动积温为5000～6000℃，对于发展以双季稻为主的三熟制及喜温的亚热带经济林木均甚有利[3]。江西北部地形开敞，特大寒潮南侵时有不利影响。

3. 降水

江西降水充沛，是中国多雨省区之一。全省年均降水量为1341～1943毫米。2019年全省降水量为1726.5毫米，2020年全省降水量为1896.8毫米。降水量地区分布为：南多北少，东多西少；山地多，盆地少。庐山、武夷山、怀玉山和九岭山是全省4个多雨区，年均降水量为1700～1943毫米。德安是少雨区，年均降水量为1341毫米。降水季节分配不均，其中4～6月降水量占全年总降水量的42%～53%，降水量的年际变化很大，多雨年份与少雨年份相差近1倍，二者都是导致江西旱涝灾害频繁发生的原因[4]。

二、土壤

“万物土中生，有土斯有粮”，土壤是粮食生产的重要基础。江西土壤主要有8个种类，地带性规律和地域性规律都比较明显，其在全省农业发展和粮食生产中占有重要地位并起到重要作用。

1. 红壤

红壤是江西分布最广、面积最大的地带性土壤，为全省最重要的土壤资源。江西红壤面积为931.07万公顷，约占全省总面积的56%[5]。积极、合理、科学开发利用红壤资源对江西农业发展具有重大意义。

红壤可以在多种母质上发育，理化性状有一定差异。发育于第四纪红色黏土的红壤，广泛分布于低丘岗地，进贤、东乡、余江、鄱阳、余干、丰城、峡江、上高、永修、新建、高安、临川和吉泰盆地集中连片，土层深厚、土质黏重，透水通气性差，养分含量低；由红砂岩发育形成的红壤，主要分布在赣东北的贵溪、弋阳、横峰、铅山、玉山、德兴、余干等县（市），吉安和永新之间也有分布，整个土层中含粉砂和细砂较多，质地疏松，透水通气性好，保水保肥力则较差，土层较薄；由花岗岩风化物发育形成的红壤，主要分布于省境边缘山地和高丘，兴国、于都、宁都、瑞金、赣县等县（市）比较集中连片，整个土层中夹有多量石英砂和砾石，质地粗糙，漏水漏肥，是本省严重的水土流失区，但含钾量高；在千枚岩、板岩、片麻岩等变质岩上发育形成的红壤，质地黏细，自然肥力较高，主要分布在高丘和山区。

根据发育程度和主要性状，红壤大致可划分为红壤、红壤性土、黄红壤 3 个亚类。①红壤亚类，面积最大，约为 586.56 万公顷，广泛分布于地势较平缓的山地、丘陵地区。凡有一定的植被覆盖、剖面发育正常的均属这一类型。由于所处地形和植被状况不同，其肥力属性有一定差异：山地红壤坡度大，土层厚度一般只有 50 厘米左右，夹有较多的半风化母质碎块；丘陵红壤通常土层深厚，石质性不强。红壤在较好的林被下自然肥力高，在草被下则矿质养分不足。②红壤性土亚类，是在缺乏稳定成土条件下形成的幼年土，散见于丘陵山区，面积约为 244.89 万公顷，肥力和利用价值都较低。③黄红壤亚类，分布于海拔四五百米至六七百米的山地，面积约为 99.62 万公顷，是红壤向黄壤的过渡类型，由于植被较好，自然肥力一般较高。

2. 黄壤

江西黄壤面积约为 166.67 万公顷，约占全省总面积的 10%，主要分布于中、高山山地中上部海拔 700～1200 米处。土体厚度不一，自然肥力一般较高，很适宜发展用材林和经济林。

3. 山地黄棕壤

江西的山地黄棕壤主要分布于海拔 1000～1400 米的山地。现有植被一般为常绿与落叶混交林，生长茂密，覆盖度大。山地黄棕壤肥力高，适宜发展林业和种植药材等。

4. 山地草甸土

江西的山地草甸土主要分布于海拔 1400～1700 米高山的顶部，面积很小。由于水分充足、阴凉湿润，有利于有机质的积累，土壤潜在肥力高，部分地块可用于发展药材种植等。

5. 紫色土

紫色土是在紫色砂页岩风化物上发育的一类岩性土。江西紫色土面积约为 55.67 万公顷，占全省总面积的 3.3%，主要分布在赣州、抚州和上饶的丘陵地带，其他丘陵区也有小面积零星分布。紫色土常与丘陵红壤交错分布组成复区。紫色土中磷和钾的含量较为丰富，适种性广，为南丰蜜橘及烟草等经济作物的重要适种土壤。

6. 潮土

潮土的成土母质为河湖沉积物。江西的潮土主要分布在鄱阳湖沿岸、长江和本省五大河流的河谷平原。由于水流的分选作用，潮土距河流越近，质地越粗；距河流越远，质地越细。每次水流大小不同导致土壤剖面层理性明显，常出现上、中、下不同的质地层次，对土壤肥力性状影响较大。潮土土层深厚，土体呈浅棕灰色或暗棕灰色，质地为砂壤或轻黏土，土壤物理性质一般较好，土体疏松多孔，通气透水。潮土是江西省棉花、甘蔗、麻类的重要种植土壤。

7. 石灰土

石灰土是在石灰岩母质上发育的一类岩性土。江西的石灰土零星见于彭泽、德安、万载、分宜、萍乡、瑞金、会昌、南康、全南、龙南、崇义等县（市）的石灰岩山地丘陵区。石灰土一般土层浅薄，大多具有石灰反应。根据肥力和颜色，可将石灰土分为黑色石灰土、棕色石灰土和红色石灰土等。

8. 水稻土

水稻土是由各类自然土壤水耕熟化而成的，是江西省主要的农业耕作土壤。水稻土广泛分布于省内山地丘陵谷地及河湖平原阶地，面积约为 200 万公顷。

根据水型特征，水稻土又可分为淹育性水稻土、潴育性水稻土、潜育性水稻土 3 个亚类。①淹育性水稻土是水稻土发育的初期阶段。它的分布地势较高，浸水耕种的时间较短，地表水在成土过程中起主导作用。淹育性水稻土包括红壤起源的黄泥田、紫色土起源的紫泥田、石灰土起源的石灰泥田等。②潴育性水稻土是水稻土发育良好的类型。它分布于淹育性水稻土与潜育性水稻土之间，排灌条件一般较好，干湿交替，土壤中铁、锰等物质氧化还原反应、淋溶淀积作用频繁，黏粒下移，形成深厚的潴育层，肥力较高。③潜育性水稻土分布于地势较低、地下水位较高的山垅田、坑田、冲田下部和平原低洼地段。犁底层以下长年处于积水状态，铁、锰发生氧化还原反应致土色呈明显的灰黄色或灰蓝色，形成烂泥田、锈水田、冷浸田等。

除上述 8 类土壤之外，江西省农业土壤中尚有 40 万公顷左右的旱地土壤，分别属于潮沙泥土、乌泥土、黄泥土、紫泥土、马肝土等。

三、水资源

从水资源总体状况来看，江西是长江流域的重要省份之一，全省 97.7%的面积属于长江流域，水资源比较丰富，多年年均降水量为 1341～1943 毫米。省内河流、湖泊众多，赣江、抚河、信江、修水和饶河为全省五大河流，全境 10 平方千米以上河流有 3700 多条，2 平方千米以上湖泊有 70 余个，多年平均水资源量为 1565 亿立方米，高于全国平均水平[6]。江西具有水量多、水质优的显著特征。

1. 地表水资源

江西年降水深平均为 1600 多毫米，折合为年降水总量约为 2670 亿立方米。河川多年平均径流总量为 1385 亿立方米，折合平均径流深 828 毫米，径流总量居全国第 7 位，人均水资源量居全国第 5 位，单位耕地面积水资源数量平均居全国第 6 位。

2. 地下水资源

江西地下水资源多年平均值在 212 亿立方米以上。地下水资源的年内分配为：丰水期 123.8 亿立方米，占全年地下水资源量的 58%，多集中在 4～7 月；平水期 55.5 亿立方米，占全年地下水资源量的 26%，多集中在 3 月、8～10 月；枯水期 34.1 亿立方米，占全年地下水资源量的 16%，多集中在 11 月、12 月，以及次年 1 月、2 月。地下水资源的年际变化为：偏丰水年（频率 20%）282 亿立方米，平水年（频率 50%）217 亿立方米，偏枯水年（频率 75%）150 亿立方米，枯水年（频率 95%）67 亿立方米。

江西具有集中开采价值的地下水资源每年为 68 亿立方米。其中以鄱阳湖平原地下水资源含量最为丰富，但是具集中开采价值的地下水在江西的分布面积较小，仅为 2.7 万平方千米。

3. 地热水及矿水资源

江西地处粤闽高、中温热水带边缘，截至 2008 年 7 月 8 日，发现温泉百余处、热水钻孔 20 多处，最高温度达 82℃（温泉）及 88℃（钻孔），其中以 60℃以下的温泉居多，约占总数的 86%。温泉总流量平均每秒为 718.6 升，热水钻孔总自流量平均每秒为 151.4 升。温泉分布以赣南和赣中南最密，约占温泉总数的 62.7%，钻孔也多集中于该区，约占钻孔总数的 64%。

4. 水力资源

江西水能理论蕴藏量为 682 万千瓦以上，在华东地区 6 个省中处于第 2 位，可开发的水力资源有 610.89 万千瓦，年发电量为 215.61 亿千瓦 • 时。其中 25 万千瓦以上大型水电站有万安、峡山、峡江 3 处，装机容量为 131.8 万千瓦，年发电量为 45.55 亿千瓦 • 时。省内中小河流密布，广大农村蕴藏着相当丰富的小水电资源。

四、生物资源

1. 植物资源

江西植被以常绿阔叶林为主，具有典型的亚热带森林植物群落。种子植物有4000余种，蕨类植物约有470种，苔藓类植物有100种以上。大型真菌可达500余种，有标本依据的有300余种，其中可食用者有100多种。植物系统演化各个阶段的代表性植物在江西均有分布，同时江西有不少原始性状的古老植物，如银杏等。

江西的珍稀、濒危树种有110种，属于中国特有，其中60余种属中国亚热带特有，16种属中国江西特有。省内尚有不少古木大树，如庐山晋植“三宝树”、东林寺“六朝松”，树龄逾千年的“植物三元老”之一的古银杏保留有数十处；在婺源县篁岭保存有80多株红豆杉，是世界上公认的濒临灭绝的天然珍稀抗癌植物。江西保留下来的古木大树有近40种，分属13科29属，分布点达95处[7]。

2. 动物资源

江西已知的野生脊椎动物有845种，占全国野生脊椎动物总种数的13.5%。其中，哺乳类105种，约占全国的21%；鸟类420种，约占全国的34%；爬行类77种，约占全国的20%；两栖类40种，约占全国的14%；鱼类205种，约占全国的5.9%。

根据研究与统计结果，截至2017年3月31日，江西鸟类有20目76科550种，占全国鸟类1371种的40.12%，其中国家Ⅰ级保护鸟类12种，国家Ⅱ级保护鸟类81种，江西重点保护鸟类97种[8]。

鄱阳湖是闻名世界的水鸟越冬地，每年到鄱阳湖越冬的候鸟多达60万～70万只，其中有国家Ⅰ级保护鸟类10种、Ⅱ级保护鸟类41种，越冬白鹤最高数量达4000余只，占全球白鹤总数的98%以上。鄱阳湖约有长江江豚450头，占整个长江江豚种群近一半[9]。

据报道，江西省林业局于2022年1月初组织开展的2021～2022年度环鄱阳湖及五河流域越冬水鸟数量同步调查结果显示，越冬水鸟数量已突破80万只，达80.1万余只，同比增长25.8%，创全省有监测记录以来的最高水平[10]。调查显示，这些水鸟隶属于7目13科。仅鄱阳湖区越冬水鸟就达79.4万余只，同比增长25.3%，占比达99.1%；五河流域越冬水鸟有6000余只，同比增长50.7%。其中雁鸭类水鸟有60.9万余只，占比达76%。

2019年9月28日，江西省第十三届人民代表大会常务委员会第十五次会议表决通过了《关于确定白鹤为江西省“省鸟”的决定》，正式将白鹤确定为江西省

“省鸟”。为了加强对省内鸟类的保护，2021 年 11 月 19 日，江西省第十三届人民代表大会常务委员会第三十四次会议通过了《江西省候鸟保护条例》，确定自 2022 年 1 月 1 日起施行。这是全国首部专门保护候鸟的省级地方性法规[11]。

3. 微生物资源

微生物是生物的一大类，包括细菌、放线菌、酵母菌、螺旋体、立克次体、支原体、衣原体、病毒、类病毒、原生动物及单细胞藻类等。它们是一群形体微小、构造简单的单细胞/多细胞原核生物或真核生物，有的甚至没有细胞结构（如病毒）。微生物数量多、繁殖快，在自然界的物质转化和循环中起着重要作用。

江西气候温和，生态环境条件优越，适合各种各样的微生物生存和繁殖。微生物具有繁殖速度快、生命类型多种多样等特点，因此要准确了解江西微生物的种类和数量实在不是一件易事。在本书中，作者根据掌握的部分资料，对江西红壤中微生物（尤其是细菌）的种类和数量做简要介绍。

根据中国科学院南京土壤研究所的调查和分析，江西红壤中蕴藏着丰富的微生物资源。每克表土含 706.4 万～4449.2 万个微生物，它们每日的呼吸作用可释放出 22～131 微克二氧化碳。细菌在江西各类红壤荒地中的数量随土层深度由上而下递减。荒地一经利用，细菌的数量及种群将相应地发生变化。

4. 特有植物资源

江西得天独厚的水热条件，使许多特有植物在省内落户。全国 198 个特有属中 64 个为木本植物，江西有 19 属，其中 11 属为单种属。江西共有木本植物 119 科，其中占 47.1%的 56 科是向北延伸至赣地为止的热带性科。

江西特有的植物种有 60 多种。在孑遗植物中，江西的“东乡野生稻”是迄今已知分布最北的野生稻[12]。

五、生态环境

绿色生态是江西的最大财富、最大优势、最大品牌。从 20 世纪“山江湖工程”实施到新时期国家生态文明试验区建设，江西积极打造美丽中国“江西样板”，生态环境不断优化。据报道，截至 2021 年 6 月 30 日，全省 PM2.5 浓度为 30 微克/米^3，继续居中部六省第 1 位；全省空气质量优良天数比例为 95.7%，同比上升 0.2 个百分点[13]。全省地表水监测断面（点位）水质优良比例为 92.2%，全省地表水国考断面水质优良比例为 94.0%，长江干流 10 个断面均为Ⅱ类水质。在赣江干流 33 个断面中，Ⅱ类水质断面有 29 个，Ⅲ类水质断面有 4 个。全省设区市的城市集中式饮用水源地达标率为 100%。截至 2022 年年底，全省已创建国家级“绿水青山就是金山银山”实践创新基地 8 个，数量居全国第 2 位；创建国家生态文明建设示范区 24 个，数量居全国第 5 位，保持在全国“第一方阵”。优美的生态环境为江西生产安全、优质的粮食打下了坚实基础。

第二节　社会经济条件

一、人口

1949 年江西人口总数为 1314 万人，占当年全国总人口 54 167 万人的 2.43%。2020 年江西人口达到 4519 万人，占当年全国总人口 141 212 万人的 3.20%[14]。1949～2020 年，江西人口净增 3205 万人，增长 2.44 倍，占全国总人口的比重也增加了 0.77 个百分点。

二、耕地

1949 年江西耕地面积为 238.94 万公顷，占全国耕地总面积 9788.13 万公顷的 2.44%。2019 年江西耕地面积为 272.16 万公顷，占全国耕地总面积 12 786.19 万公顷的 2.13%[15-16]。

三、劳动力资源

1978 年江西劳动力资源总数为 1448.1 万人，1980 年为 1559.6 万人，1990 年为 2175.3 万人，2000 年为 2898.2 万人，2010 年为 3417.6 万人，2020 年为 3457.5 万人。总体来看，江西劳动力资源丰富，对发展粮食生产有利。

四、农田基本建设

从加强农田基本建设入手，2017 年江西率先从省级层面统筹整合资金，推进新一轮高标准农田建设，取得了显著成效。经过全省上下共同努力，截至 2020 年，累计建设高标准农田 78.6 万公顷，超额完成了上级下达的 77.2 万公顷的建设任务，实现了“十三五”的圆满收官，并连续两年荣获国务院督查激励，为全国高标准农田建设贡献了“江西方案”，提供了“江西经验”。据统计，江西全省 2020 年建成 19.33 万公顷高标准农田项目区，新增耕地面积 3273.33 公顷，新增耕地率达 1.62%，耕地质量平均提高了 0.01 个等级[17]。

江西建成的高标准农田普遍达到“田成方、渠相通、路相连、旱能灌、涝能排”的标准，项目区耕地质量平均提高 0.5 个等级，亩均新增粮食产能达 50 千克以上。高标准农田经受住了 2019 年洪涝干旱并存、2020 年鄱阳湖流域超标准大洪水等重大灾害考验，为全省粮食丰产丰收、农业稳产保供夯实了基础。

五、地区生产总值

2015 年，江西地区生产总值为 16 781 亿元，2016 年为 18 389 亿元，2017 年为 20 211 亿元，2018 年为 22 717 亿元，2019 年为 24 667 亿元，2020 年达到 25 692 亿元（其中，三次产业增加值分别为第一产业 2242 亿元、第二产业 11 085 亿元、第三产业 12 365 亿元）。

第三节　国家扶持政策

党中央、国务院对粮食生产高度重视，出台了一系列扶持粮食生产的政策和措施，这对促进江西粮食生产起到了至关重要和无可替代的作用。

一、党的十九大报告强调发展粮食生产

2017 年 10 月 18 日，习近平在中国共产党第十九次全国代表大会上所做的报告（《决胜全面建成小康社会 夺取新时代中国特色社会主义伟大胜利》）中明确指出[18]，确保国家粮食安全，把中国人的饭碗牢牢端在自己手中。

二、中央一号文件强调加强粮食生产

党的十八大以来，以习近平为核心的党中央高度重视粮食生产、粮食安全，从党中央、国务院发布的 10 个中央一号文件中可以看出，“粮食”“粮食生产”“粮食安全”等内容是每年中央一号文件关注、表述的重点、热点、焦点（表 2-1）。可以说，这是全国也是江西各地粮食生产大发展的“大气候”“大背景”“大方向”。党中央、国务院的高度重视和方向指引，使我国粮食生产得到稳步发展和连年丰收，从而确保社会稳定、国泰民安。

表 2-1　党的十八大以来 10 个中央一号文件有关粮食生产的表述

年份	文件名称	有关加强粮食生产的表述（要点摘录）	资料来源
2013	中共中央 国务院关于加快发展现代农业 进一步增强农村发展活力的若干意见	“粮食产量实现‘九连增’”；“确保国家粮食安全”；“必须毫不放松粮食生产”；“粮食生产要坚持稳定面积、优化结构、主攻单产的总要求，确保丰产丰收”；“继续开展粮食稳定增产行动，着力加强 800 个产粮大县基础设施建设”；“推进东北四省区节水增粮行动、粮食丰产科技工程”；“扩大粮棉油糖高产创建规模”	《人民日报》，2013 年 2 月 1 日（第 001 版）[19]

续表

年份	文件名称	有关加强粮食生产的表述（要点摘录）	资料来源
2014	中共中央 国务院关于全面深化农村改革加快推进农业现代化的若干意见	“粮食生产再创历史新高”；“完善国家粮食安全保障体系”；“抓紧构建新形势下的国家粮食安全战略”；“把饭碗牢牢端在自己手上”；“实施以我为主、立足国内、确保产能、适度进口、科技支撑的国家粮食安全战略”；“任何时候都不能放松国内粮食生产”；“确保谷物基本自给、口粮绝对安全”；“更加积极地利用国际农产品市场和农业资源，有效调剂和补充国内粮食供给”；“在重视粮食数量的同时，更加注重品质和质量安全”；“加大力度落实‘米袋子’省长负责制”；“进一步明确中央和地方的粮食安全责任与分工”；“主销区也要确立粮食面积底线、保证一定的口粮自给率”；“增强全社会节粮意识，在生产流通消费全程推广节粮减损设施和技术”；“完善粮食等重要农产品价格形成机制”；“开展粮食生产规模经营主体营销贷款试点”	《人民日报》，2014 年 1 月 20 日（第 001 版）[20]
2015	中共中央 国务院关于加大改革创新力度加快农业现代化建设的若干意见	“不断增强粮食生产能力”；“进一步完善和落实粮食省长负责制”；“强化对粮食主产省和主产县的政策倾斜，保障产粮大县重农抓粮得实惠、有发展”；“粮食主销区要切实承担起自身的粮食生产责任”；“探索建立粮食生产功能区，将口粮生产能力落实到田块地头、保障措施落实到具体项目”；“实施粮食丰产科技工程和盐碱地改造科技示范”；“深入推进粮食高产创建和绿色增产模式攻关”；“促进粮食、经济作物、饲草料三元种植结构协调发展”	《人民日报》，2015 年 2 月 2 日（第 001 版）[21]
2016	中共中央 国务院关于落实发展新理念加快农业现代化实现全面小康目标的若干意见	“粮食产能进一步巩固提升，国家粮食安全和重要农产品供给得到有效保障”；“实施藏粮于地、藏粮于技战略”；“推动粮经饲统筹”；“确保谷物基本自给、口粮绝对安全”；“合理调整粮食统计口径”；“划定粮食生产功能区”；“积极推进马铃薯主食开发”；“大力发展优质特色杂粮”；“实施渤海粮仓科技示范工程”；“改革完善粮食等重要农产品价格形成机制和收储制度”；“科学确定粮食等重要农产品国家储备规模”	《人民日报》，2016 年 1 月 28 日（第 001 版）[22]
2017	中共中央 国务院关于深入推进农业供给侧结构性改革加快培育农业农村发展新动能的若干意见	“统筹调整粮经饲种植结构”；“按照稳粮、优经、扩饲的要求，加快构建粮经饲协调发展的三元种植结构”；“粮食作物要稳定水稻、小麦生产，确保口粮绝对安全，重点发展优质稻米和强筋弱筋小麦，继续调减非优势区籽粒玉米，增加优质食用大豆、薯类、杂粮杂豆等”；“深入实施藏粮于地、藏粮于技战略，严守耕地红线，保护优化粮食产能”；“深化粮食等重要农产品价格形成机制和收储制度改革”；“坚持并完善稻谷、小麦最低收购价政策，合理调整最低收购价水平，形成合理比价关系”；“防止出现卖粮难”；“科学确定粮食等重要农产品国家储备规模，优化中央储备粮品种结构和区域布局，改革完善中央储备粮管理体制，充分发挥政策性职能作用，严格政策性粮食监督管理，严防跑冒滴漏，确保储存安全”；“支持家庭农场、农民合作社科学储粮”；“完善粮食主产区利益补偿机制，稳定产粮大县奖励政策，调整产粮大省奖励资金使用范围，盘活粮食风险基金”	《人民日报》，2017 年 2 月 6 日（第 001 版）[23]

续表

年份	文件名称	有关加强粮食生产的表述（要点摘录）	资料来源
2018	中共中央 国务院关于实施乡村振兴战略的意见	“深入实施藏粮于地、藏粮于技战略，严守耕地红线，确保国家粮食安全，把中国人的饭碗牢牢端在自己手中”；“加快划定和建设粮食生产功能区、重要农产品生产保护区”	《人民日报》，2018 年 2 月 5 日（第 001 版）[24]
2019	中共中央 国务院关于坚持农业农村优先发展做好“三农”工作的若干意见	“稳定粮食产量”；“毫不放松抓好粮食生产，推动藏粮于地、藏粮于技落实落地，确保粮食播种面积稳定在 16.5 亿亩”；“稳定完善扶持粮食生产政策举措，挖掘品种、技术、减灾等稳产增产潜力，保障农民种粮基本收益”；“发挥粮食主产区优势，完善粮食主产区利益补偿机制，健全产粮大县奖补政策”；“压实主销区和产销平衡区稳定粮食生产责任”；“强化粮食安全省长责任制考核”；“深入推进优质粮食工程”；“将稻谷、小麦作为必保品种，稳定玉米生产，确保谷物基本自给、口粮绝对安全”；“加快推进粮食安全保障立法进程”	《农村工作通讯》，2019 年第 4 期，5～11 页[25]
2020	中共中央 国务院关于抓好“三农”领域重点工作确保如期实现全面小康的意见	“稳定粮食生产”；“确保粮食安全始终是治国理政的头等大事”；“粮食生产要稳字当头，稳政策、稳面积、稳产量”；“强化粮食安全省长责任制考核”；“各省（自治区、直辖市）2020 年粮食播种面积和产量要保持基本稳定”；“深入实施优质粮食工程”	《人民日报》，2020 年 2 月 6 日（第 001 版）[26]
2021	中共中央 国务院关于全面推进乡村振兴加快农业农村现代化的意见	“提升粮食和重要农产品供给保障能力”；“地方各级党委和政府要切实扛起粮食安全政治责任，实行粮食安全党政同责”；“完善粮食安全省长责任制和‘菜篮子’市长负责制，确保粮、棉、油、糖、肉等供给安全”；“稳定粮食播种面积、提高单产水平”；“加强粮食生产功能区和重要农产品生产保护区建设”；“建设国家粮食安全产业带”；“稳定种粮农民补贴，让种粮有合理收益”；“健全产粮大县支持政策体系”；“深入推进优质粮食工程”；“开展粮食节约行动，减少生产、流通、加工、存储、消费环节粮食损耗浪费”	《人民日报》，2021 年 2 月 22 日（第 001 版）[27]
2022	中共中央 国务院关于做好 2022 年全面推进乡村振兴重点工作的意见	“牢牢守住保障国家粮食安全和不发生规模性返贫两条底线”；“全力抓好粮食生产和重要农产品供给”；“稳定全年粮食播种面积和产量。坚持中国人的饭碗任何时候都要牢牢端在自己手中，饭碗主要装中国粮，全面落实粮食安全党政同责，严格粮食安全责任制考核，确保粮食播种面积稳定、产量保持在 1.3 万亿斤以上”；“推进国家粮食安全产业带建设”；“深入实施优质粮食工程，提升粮食单产和品质”；“高标准农田原则上全部用于粮食生产”	《人民日报》，2022 年 2 月 23 日（第 001 版）[28]

三、国家出台加强粮食生产的政策

1. 减税

为全面促进农村经济社会的发展，国家相继取消牧业税、生猪屠宰税和农林特产税，2006 年全面取消了在中国存在 2600 多年的农业税，从根本上减轻了农民负担，调动了农民种粮积极性。

2. 补贴

在减税的基础上，国家还实行包括种粮补贴等在内的一系列惠农政策，激发了农民种粮的积极性。例如，逐步调整完善粮食价格形成机制和农业支持保护政策，通过发放耕地地力保护补贴和农机具购置补贴等措施，提高农民抵御自然风险和市场风险的能力，保障种粮基本收益，保护农民种粮积极性，确保农业可持续发展。2021 年，国家加强农业生产，保障农资供应，对种粮农民一次性发放 200 亿元补贴[29]。

3. 调价

为保护农民种粮积极性，促进农民就业增收，防止出现“谷贱伤农”和“卖粮难”现象，在特定时段，按照特定价格对特定区域的特定粮食品种，先后实施了最低收购价收购、国家临时收储等政策性收购。从 2016 年起逐步完善了稻谷和小麦最低收购价格政策，进一步降低了政策性收购比例，实现了以市场化收购为主。

4. 支农

据统计，2003～2020 年，按财政支农投入与同期粮食总产量折算，平均每生产 1 千克粮食的财政支农投入从 0.5 元增长到 3.57 元[30]；每增长 1 千克粮食折算的财政支农投入也从 2004 年的 1.2 元增长到 2020 年的 18.4 元。从长周期来看，2003～2020 年，每增长 1 千克粮食折算的财政支农投入达到 9.11 元。可见，国家对粮食生产之重视及支持力度之大。

5. 保险

2021 年年底，财政部会同有关部门和单位印发通知，扩大三大粮食作物（水稻、小麦、玉米）完全成本保险和种植收入保险实施范围。2022 年实现 13 个粮食主产区的产粮大县全覆盖。三大粮食作物农业保险政策进一步扩面、提标。这对稳定发展粮食生产、确保国家粮食安全发挥了重要作用[31]。

四、江西强化粮食生产配套措施

江西稻谷产量居全国第 3 位。近 10 年来，江西每年向省外销售稻谷 65 亿千克左右[32]，表明江西稻谷在全国口粮总量平衡中具有重要地位。

坚定不移扛起粮食安全担子，这是江西对国家的庄严承诺。多年来，江西严格落实粮食安全党政同责，主动扛稳粮食安全政治责任，同时落实好耕地地力保护补贴、农机购置补贴、稻谷补贴、实际种粮农民一次性补贴等政策，千方百计调动农民种粮积极性。

2020 年 1 月 31 日，为切实抓好粮食生产，确保粮食面积和产量稳定，江西省人民政府办公厅印发了《江西省人民政府办公厅关于做好稳定粮食生产工作的通知》（赣府厅字〔2020〕12 号），要求全省各地切实做到：提高认识，切实增强粮食安全底线意识；紧盯目标，压紧压实稳粮属地责任；完善政策，着力调动农民种粮积极性；多措并举，切实稳定粮食产量产能；强化考核，切实提高粮食生产绩效比重[33]。

2021 年 9 月 8 日，江西省人民政府办公厅印发了《江西省人民政府办公厅关于加快推进粮食生产全程机械化的实施意见》（赣府厅发〔2021〕19 号）[34]，对加快推进全省粮食生产全程机械化，全力保障国家粮食安全起到了积极的推动作用。

参 考 文 献

[1] 江西省统计局，国家统计局江西调查总队．江西统计年鉴 2021[M]．北京：中国统计出版社，2021．

[2] 江西省统计局，国家统计局江西调查总队．江西统计年鉴 2020[M]．北京：中国统计出版社，2020．

[3] 黄国勤．江西省耕作制度理论与实践[M]．南昌：江西科学技术出版社，1996．

[4] 黄国勤．江西农业灾害规律[M]．北京：中国农业出版社，2001．

[5] 中国科学院红壤生态实验站．红壤生态系统研究（第一集）[M]．北京：科学出版社，1992．

[6] 彭崑生．江西生态[M]．南昌：江西人民出版社，2007．

[7] 黄国勤．江西生态系统研究[M]．北京：中国环境出版社，2016．

[8] 曾南京，俞长好，刘观华，等．2017 年初江西省鸟类种类统计[J]．南方林业科学，2017，45（3）：62-66，72．

[9] 黄国勤．鄱阳湖生态环境保护与资源开发利用研究[M]．北京：中国环境科学出版社，2010．

[10] 杨碧玉．鄱阳湖及五河流域越冬水鸟逾 80 万只[N]．江西日报，2022-01-24（1）．

[11] 江西省第十三届人民代表大会常务委员会．江西省候鸟保护条例[N]．江西日报，2021-12-13（15）．

[12] 黄国勤．江西生态安全研究[M]．北京：中国环境科学出版社，2006．

[13] 陈化先，黄子琪，李旖雪．打造美丽中国“江西样板”取得新成效[N]．江西日报，2021-07-16（2）．

[14] 国家统计局，国务院第七次全国人口普查领导小组办公室．第七次全国人口普查公报（第三号）：地区人口情况[N]．中国信息报，2021-05-12（2）．

[15] 国家统计局．中国统计年鉴 2021[M]．北京：中国统计出版社，2021．

[16] 国务院第三次全国国土调查领导小组办公室，自然资源部，国家统计局．第三次全国国土调查主要数据公报[N]．人民日报，2021-08-27（17）．

[17] 江西省农业农村厅．强化五个安全保障 高质量推进高标准农田建设[J]．中国农业综合开发，2021（5）：25-27．

[18] 习近平．决胜全面建成小康社会 夺取新时代中国特色社会主义伟大胜利[N]．人民日报，2017-10-28（1）．

[19] 中共中央，国务院．中共中央 国务院关于加快发展现代农业进一步增强农村发展活力的若干意见（2012 年 12 月 31 日）[N]．人民日报，2013-02-01（1）．

[20] 中共中央，国务院．中共中央 国务院印发《关于全面深化农村改革加快推进农业现代化的若干意见》[N]．人民日报，2014-01-20（1）.

[21] 中共中央，国务院．中共中央 国务院印发《关于加大改革创新力度加快农业现代化建设的若干意见》[N]．人民日报，2015-02-02（1）.

[22] 中共中央，国务院．中共中央 国务院关于落实发展新理念加快农业现代化实现全面小康目标的若干意见（2015年12月31日）[N]．人民日报，2016-01-28（1）.

[23] 中共中央，国务院．中共中央 国务院关于深入推进农业供给侧结构性改革加快培育农业农村发展新动能的若干意见[N]．人民日报，2017-02-06（1）.

[24] 中共中央，国务院．中共中央 国务院关于实施乡村振兴战略的意见[N]．人民日报，2018-02-05（1）.

[25] 中共中央，国务院．中共中央 国务院关于坚持农业农村优先发展做好“三农”工作的若干意见[J]．农村工作通讯，2019（4）：5-11.

[26] 中共中央，国务院．中共中央 国务院关于抓好“三农”领域重点工作确保如期实现全面小康的意见（2020年1月2日）[N]．人民日报，2020-02-06（1）.

[27] 中共中央，国务院．中共中央 国务院关于全面推进乡村振兴加快农业农村现代化的意见（2021年1月4日）[N]．人民日报，2021-02-22（1）.

[28] 中共中央，国务院．中共中央 国务院关于做好二〇二二年全面推进乡村振兴重点工作的意见（2022年1月4日）[N]．人民日报，2022-02-23（1）.

[29] 李克强．政府工作报告：二〇二二年三月五日在第十三届全国人民代表大会第五次会议上[N]．人民日报，2022-03-13（1）.

[30] 陈明星，唐轲，张淞杰．完善粮食主产区利益补偿机制的路径及对策[J]．区域经济评论，2022（1）：45-51.

[31] 赵展慧．三大粮食作物农业保险政策扩面提标 保险护航 安心种粮[J]．农村农业农民，2021（23）：17-18.

[32] 陈澈．江西稻米市场走势分析与发展思考[J]．价格月刊，2021（12）：65-70.

[33] 江西省人民政府办公厅．江西省人民政府办公厅关于做好稳定粮食生产工作的通知[J]．江西省人民政府公报，2020（4）：47-48.

[34] 江西省人民政府办公厅．江西省人民政府办公厅关于加快推进粮食生产全程机械化的实施意见[J]．江西省人民政府公报，2021（20）：24-27.

第三章　江西粮食生产的重要地位及突出贡献

第一节　江西粮食生产概况

一、江西粮食播种面积

从表 3-1 中可以看出，江西粮食播种面积在 2020 年达到 377.24 万公顷，比 1949 年的 263.37 万公顷增加 113.87 万公顷，增长 43.24%；全省粮食播种面积占全国的比重由 1949 年的 2.40%提升到 2020 年的 3.23%，增加 0.83 个百分点。

表 3-1　1949～2020 年江西粮食播种面积及占全国比重

年份	江西粮食播种面积/万公顷	全国粮食播种面积/万公顷	江西占全国比重/%	年份	江西粮食播种面积/万公顷	全国粮食播种面积/万公顷	江西占全国比重/%
1949	263.37	10 995.87	2.40	1969	381.12	11 760.40	3.24
1950	271.83	11 440.60	2.38	1970	387.11	11 926.73	3.25
1951	277.26	11 776.87	2.35	1971	402.36	12 084.60	3.33
1952	334.09	12 397.87	2.69	1972	390.49	12 120.93	3.22
1953	347.40	12 663.67	2.74	1973	369.55	12 115.60	3.05
1954	357.01	12 899.47	2.77	1974	387.92	12 097.60	3.21
1955	371.60	12 983.93	2.86	1975	387.13	12 106.20	3.20
1956	400.48	13 633.93	2.94	1976	382.35	12 074.33	3.17
1957	396.00	13 363.30	2.96	1977	388.29	12 040.00	3.23
1958	409.89	12 761.33	3.21	1978	382.08	12 058.73	3.17
1959	384.21	11 602.27	3.31	1979	384.40	11 926.27	3.22
1960	392.42	12 242.93	3.21	1980	377.53	11 723.43	3.22
1961	387.47	12 144.33	3.19	1981	375.83	11 495.77	3.27
1962	377.99	12 162.07	3.11	1982	374.39	11 346.24	3.30
1963	378.73	12 074.13	3.14	1983	371.41	11 404.72	3.26
1964	388.63	12 210.33	3.18	1984	371.41	11 288.39	3.29
1965	389.34	11 962.73	3.25	1985	365.09	10 884.51	3.35
1966	386.31	12 098.80	3.19	1986	362.98	11 093.26	3.27
1967	375.57	11 923.00	3.15	1987	364.79	11 126.78	3.28
1968	370.83	11 615.73	3.19	1988	358.87	11 012.27	3.26

续表

年份	江西粮食播种面积/万公顷	全国粮食播种面积/万公顷	江西占全国比重/%	年份	江西粮食播种面积/万公顷	全国粮食播种面积/万公顷	江西占全国比重/%
1989	369.39	11 220.47	3.29	2005	351.90	10 427.80	3.37
1990	370.09	11 346.58	3.26	2006	354.71	10 495.80	3.38
1991	358.97	11 231.36	3.20	2007	353.67	10 599.90	3.34
1992	344.62	11 055.99	3.12	2008	360.13	10 754.50	3.35
1993	336.01	11 050.87	3.04	2009	363.97	11 025.50	3.30
1994	343.44	10 954.38	3.14	2010	368.64	11 169.50	3.30
1995	351.00	11 006.06	3.19	2011	370.97	11 298.00	3.28
1996	357.06	11 254.79	3.17	2012	374.78	11 436.80	3.28
1997	358.65	11 291.21	3.18	2013	377.53	11 590.80	3.26
1998	342.11	11 378.74	3.01	2014	379.41	11 745.50	3.23
1999	354.82	11 316.15	3.14	2015	381.49	11 896.30	3.21
2000	332.20	10 846.27	3.06	2016	380.72	11 923.00	3.19
2001	326.52	10 607.97	3.08	2017	378.63	11 798.90	3.21
2002	318.80	10 389.06	3.07	2018	372.13	11 703.80	3.18
2003	305.11	9 941.01	3.07	2019	366.51	11 606.40	3.16
2004	342.54	10 160.60	3.37	2020	377.24	11 676.80	3.23

资料来源：《新中国农业 60 年统计资料》[1]、《中国统计年鉴 2021》[2]、《江西统计年鉴 2021》[3]等。

二、江西粮食作物单产

从表 3-2 中可以看出：①2020 年江西粮食作物单产达到 5736.1 千克/公顷，比 1949 年江西粮食作物单产（1472.0 千克/公顷）增加了 2.9 倍；②与全国粮食作物单产相比，1949～2020 年，江西粮食作物单产均高于全国平均水平。1949 年江西粮食作物单产比全国粮食作物单产高出 43.01%，2020 年江西粮食作物单产比全国粮食作物单产仅高出 0.05%。这说明江西粮食作物单产提高速度趋缓，这应值得注意。

表 3-2　1949～2020 年江西粮食作物单产及占全国比重

年份	江西粮食作物单产/（千克/公顷）	全国粮食作物单产/（千克/公顷）	江西占全国比重/%	年份	江西粮食作物单产/（千克/公顷）	全国粮食作物单产/（千克/公顷）	江西占全国比重/%
1949	1 472.0	1 029.3	143.01	1953	1 650.0	1 317.5	125.24
1950	1 650.0	1 155.1	142.84	1954	1 605.0	1 314.0	122.15
1951	1 530.0	1 220.2	125.39	1955	1 680.0	1 416.8	118.58
1952	1 725.0	1 322.1	130.47	1956	1 620.0	1 413.8	114.58

续表

年份	江西粮食作物单产/（千克/公顷）	全国粮食作物单产/（千克/公顷）	江西占全国比重/%	年份	江西粮食作物单产/（千克/公顷）	全国粮食作物单产/（千克/公顷）	江西占全国比重/%
1957	1 650.0	1 459.6	113.04	1989	4 231.1	3 632.2	116.49
1958	1 620.0	1 567.2	103.37	1990	4 482.5	3 932.8	113.98
1959	1 635.0	1 465.2	111.59	1991	4 515.0	3 875.7	116.50
1960	1 545.0	1 172.1	131.81	1992	4 544.1	4 003.8	113.49
1961	1 575.0	1 214.6	129.67	1993	4 515.0	4 130.8	109.30
1962	1 590.0	1 269.6	125.24	1994	4 674.1	4 063.2	115.03
1963	1 680.0	1 408.0	119.32	1995	4 580.4	4 239.6	108.04
1964	1 800.0	1 535.6	117.22	1996	4 946.8	4 482.8	110.35
1965	2 055.0	1 626.1	126.38	1997	4 928.8	4 376.7	112.61
1966	2 085.0	1 768.8	117.88	1998	4 555.6	4 502.2	101.19
1967	2 040.0	1 826.7	111.68	1999	4 883.3	4 492.6	108.70
1968	2 235.0	1 799.7	124.19	2000	4 860.3	4 261.1	114.06
1969	2 280.0	1 793.7	127.11	2001	4 900.2	4 267.0	114.84
1970	2 550.0	2 011.9	126.75	2002	4 860.5	4 399.4	110.48
1971	2 475.0	2 070.0	119.57	2003	4 753.3	4 332.5	109.71
1972	2 550.0	1 984.2	128.52	2004	4 964.1	4 620.5	107.44
1973	2 415.0	2 186.9	110.43	2005	5 105.4	4 641.7	109.99
1974	2 550.0	2 275.2	112.08	2006	5 346.6	4 745.2	112.67
1975	2 730.0	2 350.2	116.16	2007	5 402.2	4 756.1	113.58
1976	2 685.0	2 371.1	113.24	2008	5 473.0	4 968.6	110.15
1977	2 805.0	2 348.4	119.44	2009	5 556.0	4 892.4	113.56
1978	2 946.3	2 527.3	116.58	2010	5 371.0	5 005.7	107.30
1979	3 372.8	2 784.7	121.12	2011	5 624.0	5 208.8	107.97
1980	3 284.5	2 734.3	120.12	2012	5 671.4	5 353.1	105.95
1981	3 375.2	2 827.3	119.38	2013	5 733.4	5 439.5	105.40
1982	3 762.1	3 124.4	120.41	2014	5 797.5	5 445.9	106.46
1983	3 932.3	3 395.7	115.80	2015	5 798.5	5 553.1	104.42
1984	4 170.6	3 608.2	115.59	2016	5 800.3	5 539.2	104.71
1985	4 200.3	3 483.0	120.59	2017	5 800.0	5 607.4	103.43
1986	4 005.2	3 529.3	113.48	2018	5 886.9	5 621.2	104.73
1987	4 284.1	3 621.7	118.29	2019	5 886.4	5 719.6	102.92
1988	4 224.1	3 578.6	118.04	2020	5 736.1	5 733.5	100.05

资料来源：根据《新中国农业 60 年统计资料》[1]、《中国统计年鉴 2021》[2]、《江西统计年鉴 2021》[3]等相关资料整理而成。

三、江西粮食总产量

从表 3-3 中可以看出，1949 年江西粮食总产量为 387.65 万吨，2020 年达到 2163.88 万吨，增加了 1776.23 万吨，净增 4.58 倍，年均增长 2.45%；江西粮食总产量一般占全国粮食总产量的 3.5%～3.8%，少数年份达到 4%以上，如 1960 年为 4.23%，1961 年为 4.14%，1965 年为 4.12%，1969 年为 4.11%，1970 年为 4.11%，1972 年为 4.14%，1985 年为 4.05%。

表 3-3　1949～2020 年江西粮食总产量及占全国粮食总产量比重

年份	江西粮食总产量/万吨	全国粮食总产量/万吨	江西粮食总产量占全国粮食总产量比重/%	年份	江西粮食总产量/万吨	全国粮食总产量/万吨	江西粮食总产量占全国粮食总产量比重/%
1949	387.65	11 318.00	3.43	1977	1 089.00	28 275.00	3.85
1950	449.06	13 215.00	3.40	1978	1 125.74	30 476.50	3.69
1951	428.38	14 370.00	2.98	1979	1 296.50	33 211.50	3.90
1952	575.07	16 391.50	3.51	1980	1 240.04	32 055.50	3.87
1953	575.80	16 685.00	3.45	1981	1 268.71	32 502.00	3.90
1954	575.14	16 950.00	3.39	1982	1 408.74	35 450.00	3.97
1955	626.64	18 395.00	3.41	1983	1 460.45	38 727.50	3.77
1956	648.57	19 275.00	3.36	1984	1 549.18	40 730.50	3.80
1957	654.63	19 504.50	3.36	1985	1 533.54	37 910.80	4.05
1958	662.40	20 000.00	3.31	1986	1 453.77	39 151.20	3.71
1959	627.16	17 000.00	3.69	1987	1 562.77	40 297.70	3.88
1960	606.33	14 350.00	4.23	1988	1 535.43	39 408.10	3.90
1961	610.03	14 750.00	4.14	1989	1 589.62	40 754.90	3.90
1962	603.54	15 441.00	3.91	1990	1 658.20	44 624.30	3.72
1963	637.77	17 000.00	3.75	1991	1 625.70	43 529.30	3.73
1964	700.43	18 750.00	3.74	1992	1 566.00	44 265.80	3.54
1965	802.37	19 452.50	4.12	1993	1 517.10	45 648.90	3.32
1966	805.38	21 400.00	3.76	1994	1 603.50	44 510.20	3.60
1967	768.98	21 780.00	3.53	1995	1 607.40	46 661.80	3.44
1968	829.63	20 905.00	3.97	1996	1 766.30	50 453.50	3.50
1969	866.19	21 095.00	4.11	1997	1 767.70	49 417.70	3.58
1970	985.55	23 995.50	4.11	1998	1 555.50	51 229.30	3.04
1971	994.70	25 015.00	3.98	1999	1 732.70	50 838.80	3.41
1972	995.00	24 050.00	4.14	2000	1 614.60	46 217.50	3.49
1973	941.97	26 495.00	3.56	2001	1 600.00	45 263.80	3.53
1974	986.38	27 525.00	3.58	2002	1 549.50	45 705.80	3.39
1975	1 056.79	28 451.50	3.71	2003	1 450.30	43 069.50	3.37
1976	1 025.00	28 630.00	3.58	2004	1 803.40	46 946.90	3.84

续表

年份	江西粮食总产量/万吨	全国粮食总产量/万吨	江西粮食总产量占全国粮食总产量比重/%	年份	江西粮食总产量/万吨	全国粮食总产量/万吨	江西粮食总产量占全国粮食总产量比重/%
2005	1 853.86	48 402.20	3.83	2013	2 182.37	63 048.20	3.46
2006	1 896.52	49 804.20	3.81	2014	2 220.39	63 964.80	3.47
2007	1 912.41	50 413.90	3.79	2015	2 235.61	66 060.30	3.38
2008	1 975.43	53 434.30	3.70	2016	2 234.40	66 043.50	3.38
2009	2 029.24	53 940.90	3.76	2017	2 221.73	66 160.70	3.36
2010	1 989.45	55 911.30	3.56	2018	2 190.70	65 789.20	3.33
2011	2 098.52	58 849.30	3.57	2019	2 157.45	66 384.30	3.25
2012	2 140.64	61 222.60	3.50	2020	2 163.88	66 949.20	3.23

资料来源：根据《新中国农业 60 年统计资料》[1]、《中国统计年鉴 2021》[2]、《江西统计年鉴 2021》[3]等相关资料整理而成。

第二节　江西粮食生产的重要地位

江西粮食生产在全国粮食生产中占有极其重要的地位，具体表现在以下几个方面。

一、江西是全国 13 个粮食主产区之一

江西是全国 13 个粮食主产区之一，是现有 7 个粮源净调出省之一，是自 1949 年以来从未间断为国家提供商品粮源的仅有的 2 个省份（江西、吉林）之一。

粮食主产区是指生产条件好、粮食产量高、生产具有比较优势，除区内自身消费外还可以大量调出商品粮的地区。粮食主产区一般具有粮食生产潜力大、商品率高、商品量大的特点。我国粮食主产区包括三大类：①玉米主产区，包括内蒙古、吉林、黑龙江、辽宁 4 省（自治区）；②小麦主产区，包括河南、山东、河北、黑龙江 4 省；③稻谷生产区，包括安徽、江西、湖南、湖北、江苏、四川、黑龙江、吉林 8 省。据此，目前我国确定的粮食主产区有 13 个省（自治区），包括内蒙古、黑龙江、吉林、辽宁、河北、山东、河南、江苏、安徽、江西、湖北、湖南、四川。从耕地面积来看，2016 年 13 个省（自治区）的耕地面积为 8896.23 万公顷，占全国耕地总面积（13 492.10 万公顷）的 65.94%；2019 年 13 个省（自治区）的耕地面积为 8736.59 万公顷，占全国耕地总面积（12 786.19 万公顷）的 68.33%。从粮食总产量来看，2016 年 13 个省（自治区）的粮食总产量达 46 776.40 万吨，占全

国粮食总产量（61 043.50 万吨）的 76.63%；2020 年 13 个省（自治区）的粮食总产量达 52 597.50 万吨，占全国粮食总产量（66 949.20 万吨）的 78.56%[2]。由此可见，全国 3/4 以上的粮食来自 13 个粮食主产区。13 个粮食主产区的商品粮数量占全国商品粮数量的 80%。因此，稳住 13 个粮食主产区的粮食生产能力，就稳住了全国粮食安全的大局。

江西作为全国 13 个粮食主产区之一，在国家粮食生产战略中占有重要地位。2016 年，江西粮食播种面积（380.72 万公顷）占全国粮食播种面积的 3.19%，在全国 31 个省（自治区、直辖市）中居第 13 位；粮食总产量（2234.40 万吨）占全国粮食总产量的 3.38%，在全国 31 个省（自治区、直辖市）中居第 12 位。2016 年江西水稻播种面积为 352.71 万公顷，居全国第 2 位（仅次于湖南），占全国水稻播种面积的 10.99%；水稻总产量为 2012.60 万吨，居全国第 3 位（低于湖南、黑龙江），占全国水稻总产量的 9.72%。可见，江西粮食生产，尤其是稻谷生产，在全国粮食生产中的地位之重要。

二、江西粮食产量占全国粮食产量的比重大、份额高

从人口总量来看，2016 年江西人口数量为 4592 万人，占全国人口总数（139 232 万人）的 3.30%；2020 年江西人口数量为 4519 万人，占全国人口总数（141 212 万人）的 3.20%。

从粮食总产量来看，2016 年江西粮食总产量为 2234.40 万吨，占全国粮食总产量（66 043.50 万吨）的 3.38%；2017 年江西粮食总产量为 2221.73 万吨，占全国粮食总产量（66 160.70 万吨）的 3.36%；2020 年江西粮食总产量为 2163.88 万吨，占全国粮食总产量（66 949.20 万吨）的 3.23%。

综上所述，当前江西用占全国 2.1%的耕地，生产了占全国 3.2%以上的粮食，养活了全国 3.2%的人口。在全国 31 个省（自治区、直辖市）中，江西粮食产量占全国粮食产量的比重大、份额高，地位非常重要。

三、江西稻谷生产在全省粮食生产及全国稻谷生产中占有重要地位

（一）江西稻谷生产在全省粮食生产中的地位

江西粮食生产以稻谷为主体。水稻是江西的优势作物，稻谷生产是江西粮食生产的优势所在，水稻在江西粮食作物中占据主体地位和绝对优势（这既与江西的自然条件和社会经济条件有关，也与江西悠久的种稻历史和传统稻作习惯有关，关于这方面的研究，这里暂不做深入讨论）。

1. 从播种面积来看

由表 3-4 可知，1949～2020 年，江西水稻播种面积占粮食作物总播种面积的 70%以上，从 2004 年开始，江西水稻播种面积占粮食作物总播种面积的 90%以上（特别是 2014 年达到历史最高水平，为 92.84%），这与国家从 2004 年开始鼓励粮食生产并采取以最低保护价格敞开收购粮食，以及实行粮食补贴政策等有直接关系。可以说，这些鼓励粮食生产的政策，有力地促进了江西粮食生产的持续稳定发展。

表 3-4　1949～2020 年江西水稻播种面积及占江西粮食作物总播种面积的比重

年份	江西水稻播种面积/万公顷	江西粮食作物总播种面积/万公顷	江西水稻播种面积占江西粮食作物总播种面积的比重/%
1949	225.39	263.37	85.58
1950	228.28	271.83	83.98
1951	224.81	277.26	81.08
1952	264.12	334.09	79.06
1953	268.31	347.40	77.23
1954	268.46	357.01	75.20
1955	276.06	371.60	74.29
1956	300.40	400.48	75.01
1957	294.24	396.00	74.30
1958	308.58	409.89	75.28
1959	289.52	384.21	75.35
1960	306.05	392.42	77.99
1961	298.65	387.47	77.08
1962	291.14	377.99	77.02
1963	293.14	378.73	77.40
1964	310.99	388.63	80.02
1965	321.59	389.34	82.60
1966	324.14	386.31	83.91
1967	319.81	375.57	85.15
1968	316.86	370.83	85.45
1969	328.27	381.12	86.13
1970	332.69	387.11	85.94
1971	336.47	402.36	83.62
1972	329.70	390.49	84.43
1973	335.78	369.55	90.86
1974	337.37	387.92	86.97
1975	339.25	387.13	87.63

续表

年份	江西水稻播种面积/万公顷	江西粮食作物总播种面积/万公顷	江西水稻播种面积占江西粮食作物总播种面积的比重/%
1976	337.41	382.35	88.25
1977	343.99	388.29	88.59
1978	338.03	382.08	88.47
1979	338.68	384.40	88.11
1980	338.37	377.53	89.63
1981	336.27	375.83	89.47
1982	333.95	374.39	89.20
1983	332.37	371.41	89.49
1984	332.69	371.41	89.57
1985	326.49	365.09	89.43
1986	325.07	362.98	89.56
1987	326.87	364.79	89.60
1988	321.05	358.87	89.46
1989	329.77	369.39	89.27
1990	328.66	370.09	88.81
1991	314.61	358.97	87.64
1992	298.15	344.62	86.52
1993	286.51	336.01	85.27
1994	293.95	343.44	85.59
1995	301.94	351.00	86.02
1996	305.54	357.06	85.57
1997	308.74	358.65	86.08
1998	303.46	342.11	88.70
1999	305.00	354.82	85.96
2000	283.20	332.20	85.25
2001	280.83	326.52	86.01
2002	278.67	318.80	87.41
2003	268.53	305.11	88.01
2004	309.59	342.54	90.38
2005	318.77	351.90	90.59
2006	327.11	354.71	92.22
2007	324.56	353.67	91.77
2008	331.31	360.13	92.00
2009	334.42	363.97	91.88
2010	341.04	368.64	92.51
2011	344.13	370.97	92.76
2012	347.65	374.78	92.76

续表

年份	江西水稻播种面积/万公顷	江西粮食作物总播种面积/万公顷	江西水稻播种面积占江西粮食作物总播种面积的比重/%
2013	350.19	377.53	92.76
2014	352.26	379.41	92.84
2015	354.13	381.49	92.83
2016	352.71	380.72	92.64
2017	350.47	378.63	92.56
2018	343.62	372.13	92.34
2019	334.62	366.51	91.30
2020	344.18	377.24	91.24

资料来源：根据《新中国农业 60 年统计资料》[1]、《中国统计年鉴 2021》[2]、《江西统计年鉴 2021》[3]等相关资料整理而成。

2. 从总产量来看

由表 3-5 可知，1949～2020 年中的大部分年份，江西稻谷总产量占江西粮食总产量的 90%以上（只有 1956～1959 年、1962～1963 年略低于 90%，但也接近 90%），有的年份达到 95%～96%，甚至以上。可以说，抓好了稻谷生产，就基本上抓好了江西的粮食生产。

表 3-5　1949～2020 年江西稻谷总产量及占江西粮食总产量的比重

年份	江西稻谷总产量/万吨	江西粮食总产量/万吨	江西稻谷总产量占江西粮食总产量的比重/%
1949	361.72	387.65	93.31
1950	419.31	449.06	93.38
1951	393.36	428.38	91.83
1952	525.81	575.07	91.43
1953	521.44	575.80	90.56
1954	521.13	575.14	90.61
1955	570.57	626.64	91.05
1956	583.52	648.57	89.97
1957	583.25	654.63	89.10
1958	589.09	662.40	88.93
1959	559.06	627.16	89.14
1960	551.49	606.33	90.96
1961	556.71	610.03	91.26
1962	539.65	603.54	89.41
1963	570.84	637.77	89.51
1964	643.08	700.43	91.81
1965	740.87	802.37	92.34

续表

年份	江西稻谷总产量/万吨	江西粮食总产量/万吨	江西稻谷总产量占江西粮食总产量的比重/%
1966	763.95	805.38	94.86
1967	726.33	768.98	94.45
1968	777.05	829.63	93.66
1969	809.67	866.19	93.47
1970	929.86	985.55	94.35
1971	930.92	994.70	93.59
1972	927.02	995.00	93.17
1973	885.66	941.97	94.02
1974	932.64	986.38	94.55
1975	1 002.00	1 056.79	94.82
1976	976.22	1 025.00	95.24
1977	1 039.98	1 089.00	95.50
1978	1 079.36	1 125.74	95.88
1979	1 234.79	1 296.50	95.24
1980	1 188.24	1 240.04	95.82
1981	1 216.31	1 268.71	95.87
1982	1 346.73	1 408.74	95.60
1983	1 407.82	1 460.45	96.40
1984	1 492.67	1 549.18	96.35
1985	1 475.82	1 533.54	96.24
1986	1 406.84	1 453.77	96.77
1987	1 509.00	1 562.77	96.56
1988	1 483.39	1 535.43	96.61
1989	1 529.56	1 589.62	96.22
1990	1 587.70	1 658.20	95.75
1991	1 549.10	1 625.70	95.29
1992	1 473.60	1 566.00	94.10
1993	1 420.56	1 517.10	93.64
1994	1 502.83	1 603.50	93.72
1995	1 498.25	1 607.40	93.21
1996	1 655.11	1 766.30	93.70
1997	1 651.99	1 767.70	93.45
1998	1 445.11	1 555.50	92.90
1999	1 619.34	1 732.70	93.46
2000	1 491.90	1 614.60	92.40
2001	1 491.44	1 600.00	93.22
2002	1 451.60	1 549.50	93.68
2003	1 360.54	1 450.30	93.81

续表

年份	江西稻谷总产量/万吨	江西粮食总产量/万吨	江西稻谷总产量占江西粮食总产量的比重/%
2004	1 711.90	1 803.40	94.93
2005	1 769.74	1 853.86	95.46
2006	1 832.56	1 896.52	96.63
2007	1 813.90	1 912.41	94.85
2008	1 862.10	1 975.43	94.26
2009	1 905.90	2 029.24	93.92
2010	1 858.30	1 989.45	93.41
2011	1 950.10	2 098.52	92.93
2012	1 976.00	2 140.64	92.31
2013	2 004.00	2 182.37	91.83
2014	2 025.20	2 220.39	91.21
2015	2 027.20	2 235.61	90.68
2016	2 012.60	2 234.10	90.09
2017	2 126.15	2 221.73	95.70
2018	2 092.50	2 190.70	95.52
2019	2 048.30	2 157.45	94.94
2020	2 051.20	2 163.88	94.79

资料来源：根据《新中国农业 60 年统计资料》[1]、《中国统计年鉴 2021》[2]、《江西统计年鉴 2021》[3]等相关资料整理而成。

（二）江西稻谷生产在全国稻谷生产中的地位

由表 3-6 可知，江西水稻播种面积一般占全国水稻播种面积的 8%～11%，超过 11%的有 17 年，分别是 1961 年（11.37%），以及 2005～2020 年，其中 2015 年比重最高，达到 11.50%；比重最低的年份是 1951 年，为 8.35%。从稻谷总产量来看，江西稻谷总产量一般占全国稻谷总产量的 6%～10%，比重等于或超过 10%的有 3 年，分别是 1961 年（10.38%）、2006 年（10.08%）、2017 年（10.00%）。由此可见，江西稻谷生产在全国稻谷生产、粮食生产中所占的地位是相当重要的。

表 3-6　1949～2020 年江西水稻播种面积、稻谷总产量及占全国比重

年份	江西		全国		比重/%	
	水稻播种面积/万公顷	稻谷总产量/万吨	水稻播种面积/万公顷	稻谷总产量/万吨	水稻播种面积	稻谷总产量
1949	225.39	361.72	2 570.85	4 864.5	8.77	7.44
1950	228.28	419.31	2 614.92	5 510.0	8.73	7.61
1951	224.81	393.36	2 693.32	6 056.0	8.35	6.50
1952	264.12	525.81	2 838.23	6 842.7	9.31	7.68

续表

年份	江西		全国		比重/%	
	水稻播种面积/万公顷	稻谷总产量/万吨	水稻播种面积/万公顷	稻谷总产量/万吨	水稻播种面积	稻谷总产量
1953	268.31	521.44	2 832.13	7 127.0	9.47	7.32
1954	268.46	521.13	2 872.20	7 085.0	9.35	7.36
1955	276.06	570.57	2 917.33	7 803.0	9.46	7.31
1956	300.40	583.52	3 331.20	8 248.0	9.02	7.07
1957	294.24	583.25	3 224.13	8 677.5	9.13	6.72
1958	308.58	589.09	3 191.53	8 085.0	9.67	7.29
1959	289.52	559.06	2 903.40	6 937.0	9.97	8.06
1960	306.05	551.49	2 960.73	5 973.0	10.34	9.23
1961	298.65	556.71	2 627.60	5 364.0	11.37	10.38
1962	291.14	539.65	2 693.45	6 298.6	10.81	8.57
1963	293.14	570.84	2 771.53	7 377.0	10.58	7.74
1964	310.99	643.08	2 960.67	8 300.0	10.50	7.75
1965	321.59	740.87	2 982.47	8 772.0	10.78	8.45
1966	324.14	763.95	3 052.87	9 539.0	10.62	8.01
1967	319.81	726.33	3 043.60	9 369.0	10.51	7.75
1968	316.86	777.05	2 989.40	9 453.0	10.60	8.22
1969	328.27	809.67	3 043.20	9 507.0	10.79	8.52
1970	332.69	929.86	3 235.81	10 999.0	10.28	8.45
1971	336.47	930.92	3 491.80	11 521.0	9.64	8.08
1972	329.70	927.02	3 514.27	11 336.0	9.38	8.18
1973	335.78	885.66	3 575.67	12 174.0	9.39	7.28
1974	337.37	932.64	3 551.20	12 391.0	9.50	7.53
1975	339.25	1 002.00	3 572.84	12 556.0	9.50	7.98
1976	337.41	976.22	3 621.73	12 581.0	9.32	7.76
1977	343.99	1 039.98	3 552.60	12 857.0	9.68	8.09
1978	338.03	1 079.36	3 442.09	13 693.0	9.82	7.88
1979	338.68	1 234.79	3 387.27	14 375.0	10.00	8.59
1980	338.37	1 188.24	3 387.85	13 990.5	9.99	8.49
1981	336.27	1 216.31	3 329.47	14 395.5	10.10	8.45
1982	333.95	1 346.73	3 307.11	16 159.5	10.10	8.33
1983	332.37	1 407.82	3 313.61	16 886.5	10.03	8.34
1984	332.69	1 492.67	3 317.84	17 825.5	10.03	8.37
1985	326.49	1 475.82	3 207.01	16 856.9	10.18	8.75
1986	325.07	1 406.84	3 226.61	17 222.4	10.07	8.17

续表

年份	江西		全国		比重/%	
	水稻播种面积/万公顷	稻谷总产量/万吨	水稻播种面积/万公顷	稻谷总产量/万吨	水稻播种面积	稻谷总产量
1987	326.87	1 509.00	3 219.28	17 426.2	10.15	8.66
1988	321.05	1 483.39	3 198.75	16 910.8	10.04	8.77
1989	329.77	1 529.56	3 270.04	18 013.0	10.08	8.49
1990	328.66	1 587.70	3 306.45	18 933.1	9.94	8.39
1991	314.61	1 549.10	3 259.00	18 381.3	9.65	8.43
1992	298.15	1 473.60	3 209.02	18 622.2	9.29	7.91
1993	286.51	1 420.56	3 035.51	17 751.4	9.44	8.00
1994	293.95	1 502.83	3 017.15	17 593.3	9.74	8.54
1995	301.94	1 498.25	3 074.41	18 522.7	9.82	8.09
1996	305.54	1 655.11	3 140.56	19 510.2	9.73	8.48
1997	308.74	1 651.99	3 176.49	20 073.6	9.72	8.23
1998	303.46	1 445.11	3 121.38	19 871.2	9.72	7.27
1999	305.00	1 619.34	3 128.35	19 848.9	9.75	8.16
2000	283.20	1 491.90	2 996.17	18 790.8	9.45	7.94
2001	280.83	1 491.44	2 881.25	17 758.1	9.75	8.40
2002	278.67	1 451.60	2 820.16	17 453.9	9.88	8.32
2003	268.53	1 360.54	2 650.79	16 065.5	10.13	8.47
2004	309.59	1 711.90	2 837.88	17 908.8	10.91	9.56
2005	318.77	1 769.74	2 884.72	18 058.8	11.05	9.80
2006	327.11	1 832.56	2 893.79	18 171.8	11.30	10.08
2007	324.56	1 813.90	2 897.30	18 638.1	11.20	9.73
2008	331.31	1 862.10	2 935.00	19 261.2	11.29	9.67
2009	334.42	1 905.90	2 979.30	19 619.7	11.22	9.71
2010	341.04	1 858.30	3 009.70	19 722.6	11.33	9.42
2011	344.13	1 950.10	3 033.80	20 288.3	11.34	9.61
2012	347.65	1 976.00	3 047.60	20 653.2	11.41	9.57
2013	350.19	2 004.00	3 071.00	20 628.6	11.40	9.71
2014	352.26	2 025.20	3 076.50	20 960.9	11.45	9.66
2015	354.13	2 027.20	3 078.40	21 214.2	11.50	9.56
2016	352.71	2 012.60	3 074.60	21 109.4	11.47	9.53
2017	350.47	2 126.15	3 074.70	21 267.6	11.40	10.00
2018	343.62	2 092.50	3 018.90	21 212.9	11.38	9.86
2019	334.62	2 048.30	2 969.40	20 961.4	11.27	9.77
2020	344.18	2 051.20	3 007.60	21 186.0	11.44	9.68

资料来源：《新中国农业 60 年统计资料》[1]、《中国统计年鉴 2021》[2]、《江西统计年鉴 2021》[3]等。

第三节　江西粮食生产的突出贡献

自 1949 年以来，江西为国家的粮食生产做出了巨大的历史性贡献，突出表现在以下 3 个方面。

一、维护国家粮食安全，促进经济社会发展

江西对全国粮食生产的贡献是非常之大的。江西是我国 13 个粮食主产区之一，还是现有 7 个粮源净调出省之一。具体来说，江西对全国粮食生产的贡献主要体现在以下 3 个方面。

1. 数量大

1949～2008 年，江西稻米累计调出省外 850 余亿千克，年均 14 余亿千克[4]。这在全国 31 个省（自治区、直辖市）中是罕见的，也是唯一的。

2. 质量高

第一，江西调出的大米多是优质的地方名特优品种、培育的优质稻品种和绿色大米、有机大米等。例如，“万年贡米”是江西万年生产的一种名特优稻米，生产历史悠久，并被赐定为“国米”，享誉四海，历经上千年而不衰。“万年贡米”的商品率高达 60%以上。第二，在 20 世纪 50～60 年代，江西调出的大米主要是籼稻，尽管出米率高且出饭率高，但口感要比北方的粳稻差一些。为改善品质，增加外调和出口，江西实行“两高一优”（高产、高效、优质）、“良种良法”等粮食生产工程，培育、引进和推广优质水稻品种，如‘赣晚籼 30 号’，其外观、口感与泰国优质大米基本无差异，是国内同一系列籼米品种中极少数能与泰国优质大米相比的品种。此外，还有‘沪香 658’‘丰原香稻’等一批优质水稻品种。据农业部门统计，江西稻米优质率超过 80%，并且多用于外调和出口。第三，从 20 世纪 80～90 年代以来，江西大力开发绿色食品、有机食品，绿色大米、有机大米日益受到青睐并广泛用于外调和出口。

3. 时间长

从 1949 年至今，江西作为从未间断为国家提供商品粮源的仅有的 2 个省份之一，一直没有放松为国家提供粮食。

二、发展粮食贸易，增加出口创汇

相关资料显示，1986 年江西大米［包括优质大米（如绿色大米、有机大米）和普通大米］出口额为 2262 万美元，占当年全省出口总额的 7.4%，是 1981 年 248 万美元的 9.1 倍[5]。从大米出口量方面来看，1981 年全省出口大米 5169 吨，1986 年达到 12 万吨，增长 22.2 倍。江西大米出口量占全国大米出口量的比重也迅速增加，由 1981 年的 0.86%提高到 1985 年的 8.83%，5 年增长近 10 倍。

20 世纪 90 年代以后，随着国家改革开放政策的进一步深化，江西粮食出口量进一步扩大，为国家发展粮食贸易、增加出口创汇做出的贡献越来越大。根据《中国统计年鉴 2007》资料显示，1995～2004 年江西共出口粮食 294.53 万吨，占全国粮食出口量（1803 万吨）的 16.34%（表 3-7）[6]。显然，江西是全国出口粮食（主要是稻米）的主要省份，江西为国家发展对外粮食贸易、增加出口创汇、促进国家外向型经济发展发挥了重要作用。

表 3-7　1995～2004 年江西粮食出口量及占全国粮食出口量比重

年份	江西粮食出口量/万吨	全国粮食出口量/万吨	江西粮食出口量占全国粮食出口量比重/%
1995	3.01	5	60.20
1996	2.73	26	10.50
1997	3.75	94	3.99
1998	38.87	375	10.37
1999	60.91	271	22.48
2000	77.36	295	26.22
2001	56.70	186	30.48
2002	18.58	199	9.34
2003	19.95	262	7.61
2004	12.67	90	14.08
合计	294.53	1803	16.34

三、粮食产业已成为江西经济的支柱产业、主导产业

为发挥粮食生产优势，将粮食资源优势变为粮食产业优势、粮食经济优势。近年来，江西积极发掘稻谷生产优势，大力发展粮食产业、优质米业，使粮食产业、优质米业逐步成为江西经济的支柱产业、主导产业。江西粮食产业有以下几个方面的优势。

1. 品牌多

江西在坚持抓好稻米品质改良的同时，不断增强品牌意识，大力实施品牌战略，推进粮食产业尤其是现代优质米业的发展。在继承和发扬传统品牌的同时，努力开拓新的米业市场品牌。一方面，进一步加强传统品牌（如“万年贡米”等）宣传，提高品质，扩大市场份额；另一方面，大力打造新的知名品牌，培育的“金佳”牌、“玉珠”牌大米被命名为中国名牌，成为江西标志性大米品牌，在市场上具有很高的知名度。此外，江西还打造了一批深受市场欢迎的大米品牌，如“白凤”牌、“碧云”牌、“昌碧”牌、“爱和”牌等。

2. 效益好

1999 年，江西奉新碧云米业有限责任公司在粮食市场疲软、竞争趋于白热化的情况下仍取得了较好业绩，共加工销售大米 7.36 万吨，实现销售收入 1.12 亿元，创利税 158.52 万元，成为奉新历史上第一家年销售收入突破亿元大关的企业。江西以高安市景雪米业食品有限公司等粮食加工企业为龙头，在华林山、伍桥、汪家圩等乡（镇）重点建设了 0.67 万公顷以上的绿色大米生产基地和年产稻种 10 万千克以上的优质稻制种基地，对高安市农民增收和经济发展起到了引领和示范作用，效果极佳。

3. 前景广阔

由于品牌多、效益好，加上领导重视，投入进一步增大，江西粮食产业、现代米业的发展前景十分广阔。这可以从蒸谷米的发展中略见一斑。

蒸谷米是一种“半熟米”，稻谷经蒸煮等程序加工碾制成“半熟米”之后，价格就能提高一成多并作为绿色食品畅销欧美和中东各国。目前，蒸谷米全球贸易量为 500 万吨，其以健康米、绿色食品著称并远销欧美、中东等地区的发达国家。为开拓世界蒸谷米市场，抢占米业市场先机，我国唯一的蒸谷米加工项目由中粮（江西）米业有限公司在江西进行投产，首批蒸谷米于 2004 年 11 月 6 日正式下线。这个由世界 500 强企业之一的中粮集团有限公司（简称中粮集团）和江西金佳谷物股份有限公司共同投资 2 亿元的项目年加工处理原粮 40 万吨，可年产蒸谷米 18 万吨、白米 6 万吨。显然，蒸谷米的市场前景十分广阔。

参 考 文 献

[1] 中华人民共和国农业部．新中国农业 60 年统计资料[M]．北京：中国农业出版社，2009.
[2] 国家统计局．中国统计年鉴 2021[M]．北京：中国统计出版社，2021.
[3] 江西省统计局，国家统计局江西调查总队．江西统计年鉴 2021[M]．北京：中国统计出版社，2021.
[4] 万强．新中国成立以来江西的粮食状况研究及出路分析[J]．党史文苑，2014（4）：7-11.
[5] 王和平．关于江西大米出口问题[J]．赣江经济，1987（11）：55-56.
[6] 中华人民共和国统计局．中国统计年鉴 2007[M]．北京：中国统计出版社，2007.

第四章　江西粮食生产的主要成就

自 1949 年以来，在党中央、国务院的坚强领导下，江西省委、省政府带领全省人民努力拼搏、勇毅前行，在粮食生产方面取得了巨大成就，具体表现在扩大粮食面积、增加粮食产量、养活全省人口、为国提供粮食、提高产品品质、优化粮食结构、拓展生产功能、促进农民增收、带动产业发展、改善生产条件和促进科技进步等多个方面。为简化起见，本章仅对江西粮食生产在扩大粮食面积、增加粮食产量和改善生产条件 3 个方面的主要成就进行阐述。

第一节　扩大粮食面积

一、粮食播种面积扩大

不断扩大粮食播种面积，是增加粮食产量、确保粮食安全的重要基础。1949 年江西粮食播种面积仅为 263.37 万公顷，1956 年突破 400 万公顷大关，达到 400.48 万公顷，1958 年达到历史最高水平，为 409.89 万公顷，至今仍未“恢复”到这一水平。近年来，江西粮食播种面积多为 370 万公顷左右，较 1949 年有较大增长[1-3]。

二、水稻播种面积扩大

水稻不仅是江西粮食生产的重要作物、优势作物，更是江西粮食生产的特色和优势所在。江西粮食播种面积扩大，集中体现为水稻播种面积扩大。1949 年江西水稻播种面积只有 225.39 万公顷，1956 年突破 300 万公顷大关，达 300.40 万公顷，2015 年达到历史最高水平，为 354.13 万公顷，至今仍未“恢复”到这一水平。2018～2020 年江西水稻年播种面积多为 340 万公顷左右，较 1949 年增加 50%左右[1-3]。

三、复种面积扩大

复种是我国农业精耕细作的传统，也是我国耕作制度的重要特征。江西作为我国南方重要农业省份之一，为扩大粮食作物播种面积，常常实行复种多熟，即在耕地面积一定的情况下，为了扩大粮食作物播种面积、增加粮食产量，将传统一熟制改为二熟制，将传统二熟制改为三熟制，增加复种指数，这就相当于扩大了粮食播种面积。因此，在江西种植水稻和其他粮食作物时，多采用复种。

耕地复种程度高低常用复种指数来表示。一般而言，复种指数越高，则复种面积越大，复种程度越高。1949～2019 年，江西水稻复种指数、粮食复种指数和耕地复种指数均有所提高，尽管其间出现较大起伏、波动，但总体上呈现上升的趋势（表 4-1）。这表明 1949～2019 年，江西粮食作物的播种面积是不断扩大的，这是江西粮食总产量不断增加的基础和重要原因。

表 4-1　江西不同年份水稻、粮食、耕地复种指数

年份	水稻播种面积/万公顷	粮食播种面积/万公顷	农作物总播种面积/万公顷	耕地面积/万公顷	水稻复种指数/%	粮食复种指数/%	耕地复种指数/%
1949	225.39	263.37	319.31	236.54	95.29	111.34	134.99
1959	289.52	384.21	574.63	271.73	106.55	141.39	211.47
1969	328.27	381.12	594.21	246.21	155.44	154.79	241.34
1979	338.68	384.40	569.95	239.92	141.16	160.22	237.56
1989	329.77	369.39	555.53	235.59	139.98	156.79	235.80
1999	305.00	354.82	587.10	227.35	134.15	156.07	258.24
2009	334.42	363.97	537.64	308.91	108.26	117.82	174.04
2019	334.62	366.51	552.12	272.16	122.95	134.67	202.87

资料来源：历年的《中国统计年鉴》《江西统计年鉴》；2009 年耕地面积数据来源于第二次全国土地调查。

注：水稻复种指数=(水稻播种面积/耕地面积)×100%；粮食复种指数=(粮食播种面积/耕地面积)×100%；耕地复种指数=(农作物总播种面积/耕地面积)×100%[4]。

第二节　增加粮食产量

一、单产提高

粮食单产提高是增加粮食产量的基础。1949 年江西粮食作物单产平均只有 1472 千克/公顷，2020 年达到 5736 千克/公顷，后者相较前者净增加 4264 千克/公顷，净增 2.9 倍[1-3]。这对增加江西粮食总产量起到了重要作用。

二、总产量增加

江西粮食总产量在 1949～2020 年不断增加，是江西成为全国 13 个粮食主产区之一的重要原因和坚实基础。

三、人均粮食占有量增多

从表 4-2 中可以看出：①1949 年江西人均粮食占有量只有 295.02 千克，

2020年达到478.84千克，后者比前者增加了183.82千克，增长62.31%；②2015年，江西人均粮食占有量达到498.46千克，居历史最高点；③与全国人均粮食占有量相比，江西仅有两年（1993年、1998年）低于全国水平，其余年份均高出全国人均粮食占有量1%～41%；④总体看来，江西人均粮食占有量越来越接近全国平均水平，这说明江西粮食增产幅度越来越小，粮食增产难度越来越大。

表4-2　1949～2020年江西与全国历年人均粮食占有量比较

年份	江西			全国			江西人均粮食占有量高出全国幅度/%
	人口数量/万人	粮食总产量/万吨	人均粮食占有量/千克	人口数量/万人	粮食总产量/万吨	人均粮食占有量/千克	
1949	1 314	387.65	295.02	54 167	11 318.00	208.95	41.19
1950	1 568	449.06	286.39	55 196	13 215.00	239.41	19.62
1951	1 644	428.38	260.57	56 300	14 370.00	255.24	2.09
1952	1 666	575.07	345.18	57 482	16 391.50	285.16	21.05
1953	1 677	575.80	343.35	58 796	16 685.00	283.78	20.99
1954	1 730	575.14	332.45	60 266	16 950.00	281.25	18.20
1955	1 770	626.64	354.03	61 465	18 395.00	299.28	18.29
1956	1 809	648.57	358.52	62 828	19 275.00	306.79	16.86
1957	1 852	654.63	353.47	64 653	19 504.50	301.68	17.17
1958	1 913	662.40	346.26	65 994	20 000.00	303.06	14.25
1959	1 985	627.16	315.95	67 207	17 000.00	252.95	24.91
1960	2 010	606.33	301.66	66 207	14 350.00	216.74	39.18
1961	2 023	610.03	301.55	65 859	14 750.00	223.96	34.64
1962	2 058	603.54	293.27	67 295	15 441.00	229.45	27.81
1963	2 101	637.77	303.56	69 172	17 000.00	245.76	23.52
1964	2 144	700.43	326.69	70 499	18 750.00	265.96	22.83
1965	2 210	802.37	363.06	72 538	19 452.50	268.17	35.38
1966	2 284	805.38	352.62	74 542	21 400.00	297.09	18.69
1967	2 354	768.98	326.67	76 368	21 780.00	285.20	14.54
1968	2 410	829.63	344.24	78 534	20 905.00	266.19	29.32
1969	2 504	866.19	345.92	80 671	21 095.00	261.49	32.29
1970	2 584	985.55	381.40	82 992	23 995.50	289.13	31.91
1971	2 652	994.70	375.08	85 229	25 015.00	293.50	27.80
1972	2 723	995.00	365.41	87 177	24 050.00	275.88	32.45
1973	2 810	941.97	335.22	89 211	26 495.00	296.99	12.87
1974	2 888	986.38	341.54	90 859	27 525.00	302.94	12.74
1975	2 969	1 056.79	355.94	92 420	28 451.50	307.85	15.62
1976	3 048	1 025.00	336.29	93 717	28 630.00	305.49	10.08
1977	3 118	1 089.00	349.26	94 974	28 275.00	297.71	17.32

续表

年份	江西			全国			江西人均粮食占有量高出全国幅度/%
	人口数量/万人	粮食总产量/万吨	人均粮食占有量/千克	人口数量/万人	粮食总产量/万吨	人均粮食占有量/千克	
1978	3 150	1 125.74	357.38	96 259	30 476.50	316.61	12.88
1979	3 206	1 296.50	404.40	97 542	33 211.50	340.48	18.77
1980	3 250	1 240.04	381.55	98 705	32 055.50	324.76	17.49
1981	3 287	1 268.71	385.98	100 072	32 502.00	324.79	18.84
1982	3 326	1 408.74	423.55	101 654	35 450.00	348.73	21.45
1983	3 371	1 460.45	433.24	103 008	38 727.50	375.97	15.23
1984	3 426	1 549.18	452.18	104 357	40 730.50	390.30	15.85
1985	3 484	1 533.54	440.17	105 851	37 910.80	358.15	22.90
1986	3 543	1 453.77	410.32	107 507	39 151.20	364.17	12.67
1987	3 604	1 562.77	433.62	109 300	40 297.70	368.69	17.61
1988	3 658	1 535.43	419.75	111 026	39 408.10	354.94	18.26
1989	3 715	1 589.62	427.89	112 704	40 754.90	361.61	18.33
1990	3 778	1 658.20	438.91	114 333	44 624.30	390.30	12.45
1991	3 838	1 625.70	423.58	115 823	43 529.30	375.83	12.71
1992	3 889	1 566.00	402.67	117 171	44 265.80	377.79	6.59
1993	3 940	1 517.10	385.05	118 517	45 648.90	385.17	−0.03
1994	3 991	1 603.50	401.78	119 850	44 510.20	371.38	8.19
1995	4 039	1 607.40	397.97	121 121	46 661.80	385.25	3.30
1996	4 080	1 766.30	432.92	122 389	50 453.50	412.24	5.02
1997	4 128	1 767.70	428.22	123 626	49 417.70	399.74	7.12
1998	4 171	1 555.50	372.93	124 761	51 229.30	410.62	−9.18
1999	4 211	1 732.70	411.47	125 786	50 838.80	404.17	1.81
2000	4 129	1 614.60	391.04	126 743	46 217.50	364.66	7.23
2001	4 167	1 600.00	383.97	127 627	45 263.80	354.66	8.26
2002	4 204	1 549.50	368.58	128 453	45 705.80	355.82	3.59
2003	4 238	1 450.30	342.21	129 227	43 069.50	333.29	2.68
2004	4 269	1 803.40	422.44	129 988	46 946.90	361.16	16.97
2005	4 297	1 853.86	431.43	130 756	48 402.20	370.17	16.55
2006	4 325	1 896.52	438.50	131 448	49 804.20	378.89	15.73
2007	4 354	1 912.41	439.23	132 129	50 413.90	381.55	15.12
2008	4 384	1 975.43	450.60	132 802	53 434.30	402.36	11.99
2009	4 416	2 029.24	459.52	133 450	53 940.90	404.20	13.69
2010	4 447	1 989.45	447.37	134 091	55 911.30	416.97	7.29
2011	4 474	2 098.52	469.05	134 916	58 849.30	436.19	7.53
2012	4 475	2 140.64	478.36	135 922	61 222.60	450.42	6.20
2013	4 476	2 182.37	487.57	136 726	63 048.20	461.13	5.73

续表

年份	江西			全国			江西人均粮食占有量高出全国幅度/%
	人口数量/万人	粮食总产量/万吨	人均粮食占有量/千克	人口数量/万人	粮食总产量/万吨	人均粮食占有量/千克	
2014	4 480	2 220.39	495.62	137 646	63 964.80	464.71	6.65
2015	4 485	2 235.61	498.46	138 326	66 060.30	477.57	4.37
2016	4 496	2 234.40	496.98	139 232	66 043.50	474.34	4.77
2017	4 511	2 221.73	492.51	140 011	66 160.70	472.54	4.23
2018	4 513	2 190.70	485.42	140 541	65 789.20	468.11	3.70
2019	4 516	2 157.45	477.73	141 008	66 384.30	470.78	1.48
2020	4 519	2 163.88	478.84	141 212	66 949.20	474.10	1.00

资料来源：《新中国农业 60 年统计资料》[1]、《中国统计年鉴 2021》[2]、《江西统计年鉴 2021》[3]。

第三节　改善生产条件

自 1949 年以来，为了提高粮食综合生产能力，充分挖掘粮食增产潜力，江西大力改善粮食生产条件，并已取得积极成效和显著成就。

一、良田

农田是粮食生产的基础，良田则是确保粮食增产的关键。1949 年，江西农田有效灌溉面积为 78 万公顷，只占当年全省耕地面积的 32.98%；旱涝保收面积为 48 万公顷，仅占当年全省耕地面积的 20.30%。2019 年，全省农田有效灌溉面积为 202.77 万公顷，占当年全省耕地面积（272.16 万公顷）的 74.50%，比 1949 年增加了 124.77 万公顷。2020 年，全省农田有效灌溉面积增至 203.85 万公顷，是 1949 年的 2.6 倍[3]。

建设高标准农田是落实党中央“藏粮于地、藏粮于技”战略、全方位提升农田质量、夯实粮食生产基础和确保国家粮食安全的重要之举、关键之举。截至 2020 年年底，全国已建成高标准农田 5333 万公顷，占全国耕地面积的 42%。江西现已建成高标准农田 174.85 万公顷，占全省耕地面积的 64.3%，高出全国平均水平 22 个百分点[4-5]。

二、良种

如果说良田是江西粮食生产的外部条件，那么良种是江西粮食生产的内在条件。良种对促进江西粮食生产起着十分重要的作用。研究表明，良种对我国粮食增产的贡献率已超过 45%[6]。目前，我国农作物良种覆盖率已达到 96%以上，自主选育品种面积占比超过 95%，总体上用种安全有保障。江西是我国南方重要农业省份，农作物良种不但种类多、数量多，而且推广范围广、面积大，增产成效显著，为维护江西乃至国家粮食安全发挥了重要作用。

就水稻而言，据不完全统计，目前江西收集、保存的水稻种质资源有 10 662 份，包括地方品种 3172 份、育成品种 518 份、国外引进品种 6698 份、杂交稻亲本 57 份、野生稻 217 份，是我国保存稻种资源最多的省份之一[7]。2012～2017 年，江西审定通过水稻新品种 236 个，其中杂交稻 201 个，常规稻和不育系共 35 个[8]。此外，截至 2020 年，经农业农村部确认的 133 个超级稻品种中，江西占 11 个，居全国第 4 位[9]。

三、良法

良好的栽培技术与方法是挖掘良种生产潜力的重要条件。没有良种，良法的作用表现不出来；没有良法，良种的增产潜力也表现不出来。也就是说，良种与良法紧密相连、密不可分，二者只有相互结合、相互促进，才能增加粮食产量，促进粮食生产发展。

自 1949 年以来，江西粮食生产之所以发展快、成就大、贡献多，除了得益于良田、良种，还在于广泛推广和应用粮食作物的高产、优质、高效种植技术和方法，将最新农业科技成就应用于粮食生产的实践中。

改革开放 40 多年来，江西一直致力于广泛推广和应用各种粮食增产关键技术，如间混套作技术、多熟复种技术、保护性耕作技术、节水灌溉技术、生物养地技术、测土配方施肥技术、肥料深施技术、水肥一体化技术、绿色防控技术、防灾减灾技术、生态循环农业技术、立体复合种养技术等。这些良法的推广和应用，极大地改善了粮食作物生长发育的条件，有效地促进了粮食的高产稳产和持续增产。

四、良物

发展农业和粮食生产，一靠政策，二靠科技，三靠投入。这里说的投入，就是指良物，包括优良的物质投入和精良的物质装备。

从物质投入来看，1952 年江西单位面积农田化肥施用量仅为 1.5 千克/公顷（实物量）、3.0 千克/公顷（折纯量）[10-11]，而 2020 年全省农田化肥施用总量达到 331.3 万吨（实物量）、108.8 万吨（折纯量），单位面积农田化肥施用量为 1218.36 千克/公顷（实物量）、400.11 千克/公顷（折纯量）。从实物量来说，2020 年比 1952 年全省单位面积农田化肥施用量增加了 811 倍。这是江西粮食产量、农产品产量大幅增加的重要条件和根本原因所在。

值得注意的是，一般而言，在一定的范围内，存在着“低投入，低产出；高投入，高产出”的基本规律；从绿色、低碳、环保，以及节约资源、提高资源利用效率的角度来看，发展农业和粮食生产应提倡“适度投入、合理投入、高效投入”。这一点在今后生产实践中值得重视。

从物质装备来看，2020 年，江西农业机械总动力达到 2591.04 万千瓦，有大中型拖拉机 5.13 万台，配套农具 3.71 万部，小型拖拉机 32.44 万台；2021 年，江西农业机械总动力达到 2695.4 万千瓦，有大中型拖拉机 5.69 万台，配套农具 4.17 万部，小型拖拉机 32.25 万台[12-13]。2021 年年底，全省主要农作物和水稻耕种收综合机械化率分别超过 76%和 82%，居全国前列，丰城、樟树、青原、余江等 15 个县（市、区）获评全国基本实现主要农作物生产全程机械化示范县（市、区）[14]。农业物质装备的改善和农业机械化程度的提升，大幅提高了江西粮食生产效率，推动江西粮食生产不断登上新台阶。

参 考 文 献

[1] 中华人民共和国农业部．新中国农业 60 年统计资料[M]．北京：中国农业出版社，2009.

[2] 国家统计局．中国统计年鉴 2021[M]．北京：中国统计出版社，2021.

[3] 江西省统计局，国家统计局江西调查总队．江西统计年鉴 2021[M]．北京：中国统计出版社，2021.

[4] 刘巽浩．耕作学[M]．北京：中国农业出版社，1994.

[5] 李耀文．守住良田沃土 守护粮食安全：我省建好高标准农田落实“藏粮于地、藏粮于技”战略[N]．江西日报，2022-05-13（6）.

[6] 李新海，路明，郑军，等．作物种业发展趋势与对策分析[J]．中国农业科技导报，2022，24（12）：1-7.

[7] 汤洁．江西省农作物种质资源保护与开发利用的对策和建议[J]．中国种业，2018（11）：29-32.

[8] 张红林，欧阳春荣，邹志华，等．江西省 2012～2017 年审定水稻品种与趋势分析[J]．江西农业学报，2018，30（5）：7-11，17.

[9] 余艳锋，尹建华，彭柳林．基于 SWOT 分析的江西现代水稻种业发展建议[J]．中国稻米，2020，26（4）：61-66.

[10] 黄国勤．江西省耕作制度理论与实践[M]．南昌：江西科学技术出版社，1996.

[11] 黄国勤．江西农业[M]．北京：新华出版社，2000.

[12] 江西省统计局，国家统计局江西调查总队．江西统计年鉴 2022[M]．北京：中国统计出版社，2022.

[13] 黄国勤．中国中部地区粮食生产的成就、问题及高质量发展对策[J]．中国井冈山干部学院学报，2022，15（1）：62-75.

[14] 钟金平．2022 年，江西“三农”这样开局[N]．江西日报，2022-03-11（7）.

第五章　江西粮食生产的演变历程

自 1949 年以来，在党中央、国务院的坚强领导下，在江西省委、省政府的直接带领下，江西粮食生产不断向前发展。为了全面、深入和系统地了解江西粮食生产发展状况，以便推进今后粮食生产高质量发展，作者将自 1949 年以来全省粮食生产的演变和发展划分为 7 个阶段：起步阶段（1949～1957 年）、上升阶段（1958～1977 年）、高产阶段（1978～1984 年）、调整阶段（1985～1991 年）、高效阶段（1992～2003 年）、增长阶段（2004～2011 年）和低碳阶段（2012 年至今）。

第一节　起 步 阶 段

一、粮食生产状况

从表 5-1 中可以看出，1949 年江西全省粮食播种面积只有 263.37 万公顷，1957 年达到 396.00 万公顷，增加 1/2 以上；单产由 1472 千克/公顷提高到 1653 千克/公顷，提高了 12%以上；总产量由 387.65 万吨增加到 654.63 万吨，增长了 68.87%；全省人均粮食占有量由 295.02 千克上升至 353.47 千克，增长幅度为 19.81%[1]。

表 5-1　1949～1957 年江西粮食生产状况

年份	播种面积/万公顷	单产/（千克/公顷）	总产量/万吨	人均粮食占有量/千克
1949	263.37	1472	387.65	295.02
1950	271.83	1652	449.06	286.39
1951	277.26	1545	428.38	260.57
1952	334.09	1721	575.07	345.18
1953	347.40	1657	575.80	343.35
1954	357.01	1611	575.14	332.45
1955	371.60	1686	626.64	354.03
1956	400.48	1619	648.57	358.52
1957	396.00	1653	654.63	353.47
1957 年相较 1949 年的增长幅度/%	50.36	12.30	68.87	19.81

资料来源：《新中国农业 60 年统计资料》[1]。

二、主要增产措施

在起步阶段，江西粮食生产得到了初步发展，从农业生产本身来看，主要原因在于采取了几项强有力的具体措施。

（一）改善水利条件

1949 年以前，江西农田水利设施很差，基本上是“靠天吃饭”。1949 年全省农田灌溉面积仅为 78 万公顷，只占耕地面积的 1/3，其中旱涝保收面积只占耕地面积的 1/5[1]。1949 年以后，党和政府带领广大农民坚持不懈地大办水利，至 1957 年，新增农田灌溉面积为 22.67 多万公顷[1]，全省水利状况已恢复和超过 1949 年以前的最好水平。

（二）实行农业“三变”

20 世纪 50 年代初期，国家提出水稻“三改”——单季稻改双季稻、间作稻改连作稻、籼稻改粳稻。江西根据当时江西农业的具体情况随即进行了“三变”——单季稻变双季稻、中稻变早稻、旱地变水田，使江西耕地利用率显著提高，粮食复种指数由 1949 年的 111.34%提高到 140.79%，净增 29.45 个百分点，相当于增加耕地播种面积 82.83 万公顷[2]。

（三）推广优良品种

在众多水稻品种中，江西选育了早稻品种‘莲塘早’‘南特号’‘赣农 3425’，晚稻品种‘黄禾子’‘油粘子’等，并在全省各地加以推广。这些品种在江西多数地区具有较强的适应能力，有早熟、丰产、多抗的性能，可比当时的农家品种增产 15%左右。

第二节　上 升 阶 段

一、粮食生产状况

1958～1977 年，江西粮食生产进入了产量上升阶段。从表 5-2 中可以看出，1958 年江西粮食播种面积为 409.89 万公顷，1977 年降为 388.29 万公顷，粮食播种面积减少了 5.27%。但粮食作物单产提高较多，由 1958 年的 1616 千克/公顷到 1977 年的 2805 千克/公顷，提高了 73.58%，相当于平均每年每公顷增加粮食 59.45 千克[1]。因此，在播种面积减少的情况下，江西粮食总产量不仅没有减少，反而增加了 64.40%，相当于平均每年增加粮食 21.33 万吨；与此同时，尽管全省人口数量增长较快，由 1958 年的 1913 万人增加到 1977 年的 3118 万人，净增 62.99%，但人均粮食占有量不仅没有减少，反而增加了 0.87%，人均粮食占有量达到 349.26 千克。

表 5-2　1958～1977 年江西粮食生产状况

年份	播种面积/万公顷	单产/（千克/公顷）	总产量/万吨	人均粮食占有量/千克
1958	409.89	1616	662.40	346.26
1959	384.21	1632	627.16	315.95
1960	392.42	1545	606.33	301.66
1961	387.47	1574	610.03	301.55
1962	377.99	1597	603.54	293.27
1963	378.73	1684	637.77	303.56
1964	388.63	1802	700.43	326.69
1965	389.34	2061	802.37	363.06
1966	386.31	2085	805.38	352.62
1967	375.57	2048	768.98	326.67
1968	370.83	2237	829.63	344.24
1969	381.12	2273	866.19	345.92
1970	387.11	2546	985.55	381.40
1971	402.36	2472	994.70	375.08
1972	390.49	2548	995.00	365.41
1973	369.55	2549	941.97	335.22
1974	387.92	2543	986.38	341.54
1975	387.13	2730	1 056.79	355.94
1976	382.35	2681	1 025.00	336.29
1977	388.29	2805	1 089.00	349.26
1977 年相较 1958 年的变化幅度/%	−5.27	73.58	64.40	0.87

资料来源：《新中国农业 60 年统计资料》[1]。

二、粮食产量上升原因

在上升阶段，江西粮食产量上升的原因主要有以下几个方面[2]。

（一）重视生产条件的改善

一是农业基本建设投资大。1958～1977 年，江西全省农业基本建设投资为 129 037 万元，年均 6451.85 万元，其中，1963 年全省农业基本建设投资达 7055 万元，居历史最高水平。二是农田有效灌溉面积和旱涝保收耕地面积明显增加。1958 年，全省农田有效灌溉面积只有 142.04 万公顷，占耕地面积的 1/2 左右（51.10%）；旱涝保收耕地面积为 97.86 万公顷，占耕地面积的 35.20%。1977 年，全省农田有效灌溉面积提高至 163.10 万公顷，占耕地面积的 2/3 左右（67.80%）；旱涝保收耕地面积为 116.27 万公顷，占耕地面积的 48.40%。三是化肥施用量增多。1958 年全省农用化肥施用量为 1.50 千克/亩（实物量）和 0.32 千克/亩（折纯量），1977 年则分别达到 19.90 千克/亩（实物量）和 3.95 千克/亩（折纯量），比 1958 年分别增加了 12.27 倍和 11.34 倍。

（二）重视有机肥料的施用

一是重视绿肥生产。1958 年，全省绿肥（主要是冬季绿肥紫云英）播种面积只有 97.04 万公顷，1977 年增加到 141.71 万公顷，播种面积扩大 46.03%。绿肥播种面积扩大的同时，绿肥鲜草产量由 1958 的 1500～2000 千克/亩增加到 1977 年的 2500～3000 千克/亩。二是重视人畜粪尿、鸡鸭鹅屎、猪牛栏粪、河塘沟泥、青草树叶、瓜皮果壳、草木灰，以及各种生活垃圾等多种来源肥料的收集、积制和施用。三是重视作物秸秆（如稻草）还田，不仅可肥田，还可起到覆盖保水、保土、保温（主要是冬季）的作用。

（三）重视水稻矮秆品种的推广

随着栽培技术的改进和土壤肥力的提高，20 世纪 50 年代大面积推广的水稻高秆品种日益显露出不耐肥、易倒伏的弱点。20 世纪 60 年代初，江西开始研究、选育和推广茎秆粗壮、耐肥力强、抗倒伏的水稻矮秆良种，其中‘6044’‘7055’‘珍珠矮’‘先锋 1 号’‘广陆矮 4 号’水稻矮秆良种，一般一季产量可达 300 千克/亩以上，有的可高达 400 千克/亩以上。

第三节　高 产 阶 段

与全国各地一样，从 1978 年开始，江西实行家庭联产承包责任制，极大地调动了广大群众的种田积极性，使粮食生产出现空前的高产。

一、产量大幅增长

1978～1984 年，江西粮食单产由 2946.30 千克/公顷提高到 4171.10 千克/公顷；粮食总产量由 1125.74 万吨增至 1549.18 万吨，净增 423.44 万吨，平均年增 60.49 万吨。1978～1984 年江西粮食生产状况如表 5-3 所示。

表 5-3　1978～1984 年江西粮食生产状况

年份	播种面积/万公顷	单产/（千克/公顷）	总产量/万吨	人均粮食占有量/千克
1978	382.08	2946.30	1125.74	357.38
1979	384.40	3372.80	1296.50	404.40
1980	377.53	3284.60	1240.04	381.55
1981	375.83	3375.80	1268.71	385.98
1982	374.39	3762.20	1408.74	423.55
1983	371.41	3932.20	1460.45	433.24
1984	371.41	4171.10	1549.18	452.18
1984 年相较 1978 年的变化幅度/%	−2.79	41.57	37.61	26.53

资料来源：《新中国农业 60 年统计资料》[1]。

二、实现“两个突破”

1978～1984 年，江西粮食生产取得了两个历史性成就（或称“两个突破”）[3]。

（一）首次出现“粮食剩余”的现象

1977 年江西粮食总产量在 1000 万吨水平台阶，1978 年登上 1100 万吨水平台阶，1979 年达到 1200 万吨水平台阶，1982 年达到 1400 万吨水平台阶，1984 年达到 1500 万吨水平台阶，几乎每一两年就上一台阶。粮食产量的大幅增加，彻底改变了江西长期以来存在的粮食不足、粮食短缺的现象，变粮食不足为粮食充足、变粮食短缺为粮食剩余，这是一个了不起的历史成就。

（二）人均粮食占有量首次突破 400 千克

1949 年江西人均粮食占有量仅有 295.02 千克，1958 年达 346.26 千克，1977 年为 349.26 千克，1979 年首次突破 400 千克大关，人均粮食占有量达到 404.40 千克，1984 年增加至 452.18 千克。这既是一个了不起的成就，又是一个历史性的成就。

三、杂交水稻大面积推广

在高产阶段，杂交水稻播种面积越来越大，对粮食高产起到了巨大的推动作用。从 1976 年开始，江西进行了“三系”（不育系、保持系、恢复系）杂交水稻的大面积试验、示范和推广。到 1978 年，全省杂交水稻播种面积已达到 65.84 万公顷，之后每年的播种面积都在 66.67 万公顷（1000 万亩）以上，每亩比常规水稻增产 50 千克左右。

四、出现"卖粮难"现象

在高产阶段，粮食生产的"空前"高产和大发展彻底改变了江西长期以来存在的粮食短缺现象，但同时导致了1984年江西许多地方，或者说全省各地不同程度地出现了卖粮难现象（与全国一样，江西还出现了卖棉难、卖油难等一系列农产品销售困难现象）。这一方面说明粮食生产确实取得了很大成就，另一方面反映了当时粮食的流通、加工、出口等还存在一定的问题，或者说至少是没有及时跟上粮食生产发展的形势，存在准备不足、仓库不大的问题。

毋庸置疑的是，卖粮难现象的出现，对江西、全国粮食生产均产生不同程度的负面作用和消极影响，出现了"谷贱伤农"的不利局面。

第四节 调 整 阶 段

一、粮食生产的特征

1985～1991年，江西粮食生产处于调整阶段。该阶段江西粮食生产具有如下4个主要特征[4]。一是粮食播种面积减少。1985年全省粮食播种面积为365.09万公顷，1991年为358.97万公顷，减少了1.68%。二是单产提高速度减缓。1985年江西粮食单产为4200.40千克/公顷，1991年江西粮食单产为4528.80千克/公顷。三是粮食总产量增长不大。1985年江西粮食总产量为1533.54万吨，1991年江西粮食总产量为1625.70万吨，7年仅增加92.16万吨，年均总产量只增加13.17万吨，而1978～1984年的年均总产量增加60.49万吨，前者仅是后者的21.78%。四是人均粮食占有量出现下降。1985年江西人均粮食占有量为440.17千克，1991年下降至423.58千克，下降3.77%。

1985～1991年江西粮食生产状况如表5-4所示。

表5-4 1985～1991年江西粮食生产状况

年份	播种面积/万公顷	单产/（千克/公顷）	总产量/万吨	人均粮食占有量/千克
1985	365.09	4200.40	1533.54	440.17
1986	362.98	4005.10	1453.77	410.32
1987	364.79	4284.00	1562.77	433.62
1988	358.87	4278.50	1535.43	419.75
1989	369.39	4303.40	1589.62	427.89

续表

年份	播种面积/万公顷	单产/（千克/公顷）	总产量/万吨	人均粮食占有量/千克
1990	370.09	4480.50	1658.20	438.91
1991	358.97	4528.80	1625.70	423.58
1991 年相较 1985 年的变化幅度/%	−1.68	7.82	6.01	−3.77

资料来源：《新中国农业 60 年统计资料》[1]。

二、粮食生产出现“调整”和“下降”现象的原因

江西粮食生产出现“调整”和“下降”的现象，主要有 4 个方面的原因[5]。第一，经历了粮食生产的快速发展，一方面，出现了卖粮难现象，谷贱伤农，影响了农民种粮积极性；另一方面，粮食仓储能力明显不足，难以满足“敞开”收购农民余粮的需要，客观上打击了农民进一步扩大粮食生产的积极性。这一状况必然导致粮食生产发展速度减缓，江西粮食生产需要进入一个“调整阶段”。第二，1978 年以后，特别是 20 世纪 80 年代中、后期，全省农田基本建设有所放松甚至忽视，致使水利设施不能及时得到维修和更新，以致失修、老化的水利设施“带病”作业、“带病”运转。1988 年，全省有 37 座大中型病险水库亟待加固处理，小型病险水库有 4000 座，占全省小型水库总数的 43.3%[6]。第三，农业投入减少，表现为有机肥的投入明显减少，化肥施用也不足。第四，农业科技无新突破，能够在生产上大面积推广应用且成效显著的农业科技成果不多，等等。

第五节　高 效 阶 段

进入 1992 年以后，中国改革开放和经济发展形势发生了前所未有的深刻变化。1992 年 1 月，邓小平到深圳视察时提出中国改革开放需要发展“社会主义市场经济”。1993 年 11 月，中国共产党第十四届中央委员会第三次全体会议通过了《中共中央关于建立社会主义市场经济体制若干问题的决定》。在农业发展方面，1992 年 9 月，国务院发布了《国务院关于发展高产优质高效农业的决定》（国发〔1992〕56 号），做出了进一步把农产品推向市场、以市场为导向继续调整和不断优化农业生产结构、依靠科技进步发展高产优质高效农业等重大战略决策。

按照党中央、国务院的战略部署和重要指示精神，从 1992 年开始，江西粮食生产及时调整发展思路，由过去单纯追求高产量，向着高产、优质（高质量）、高效的“三高”方向发展，即在保持粮食生产高产量的同时，更加注重高质量、高效益，实现产量、质量、效益三者并举、同步发展，并且以“高效”为核心。具体来说，在高效阶段江西发展粮食生产采取了以下措施。

一、增加作物优质品种

以水稻为例，从1992年开始在江西全省广泛推广的早稻优质品种（组合）有‘协优华联2号’‘协优49’‘赣早籼26号’‘赣早籼29号’‘中86-44’‘中优早3号’‘中优早2号’‘中丝2号’‘早籼糯’‘早粳中组8号’等；晚稻优质品种（组合）有‘双竹粘’‘M112’‘汕优63’‘汕（协）优64’‘汕（协）优46’‘汕优77’‘汕优桂33’‘协优2374’‘协优432’等[5]。如果说20世纪80年代江西种植的水稻优质品种有十几个，则90年代江西种植的水稻优质品种有几十个至上百个，甚至更多。

二、扩大优质品种播种面积

根据江西省农业厅统计，1993年全省优质水稻播种面积达到24.60万公顷。其中，优质粳稻播种面积为1.22万公顷，总产量为7.31万吨；糯稻播种面积为13.42万公顷，总产量为77.81万吨；一级晚籼播种面积为8.61万公顷，总产量为58.81万吨；特种稻（包括红稻、黑稻、香稻等）播种面积为1.35万公顷，总产量为7.09万吨[5]。

三、推广优化种植模式

推广优化种植模式如下。一是水旱复种模式，在水田中种植旱花生，形成“绿肥（或冬作）—旱花生—晚稻”模式，1993年全省水田旱花生播种面积达3.71万公顷，总产量为10.2万吨，分别比1991年增加1.62倍和2.09倍。另外，还有“冬作—旱玉米—晚稻”“绿肥—早稻—晚大豆”模式。二是稻鱼共生模式，如“稻×鱼”“稻×萍×鱼”“稻×萍×鱼×蛙”等。三是旱粮间套模式，如“粮菜”“粮棉菜”“粮棉油菜”“粮瓜菜饲”等高效、立体、复合种植模式，具有作物多、模式多、效益高的特点。四是水旱轮作模式，即在水旱复种模式、稻鱼共生模式、旱粮间套模式的基础上，将粮食与棉、麻、瓜、菜、烟叶等组成多种多样、丰富多彩的优化轮作模式。优化种植模式的不断增多，极大地推动了全省“吨粮田”建设。1992年，全省“吨粮田”面积已达28.67万公顷，同时有效地促进了“双千田”“万元田”及各种高效农田的建设和发展。

四、优化粮食生产结构

通过多种植优良粮食作物品种和增加优良粮食作物种类（除水稻外，还包括杂粮、旱粮等），江西粮食生产结构乃至全国农业生产结构得到了优化。一是粮食作物播种面积在农作物总播种面积中的比重从20世纪70～80年代的67%以上，降到 1992～1994 年的 58%～59%。二是粮食生产内部结构优化。从面积来看，水稻在粮食作物中的比重已由调整阶段的 89.41%下降为 86.86%，而薯类由 3.06%上升为 4.02%，杂粮由 1.41%上升为 2.68%，大豆由 3.70%上升为 4.36%；从产量来看，水稻在粮食总产量中的比重已由调整阶段的 96.42%下降为 94.25%，而薯类由 1.76%上升为 2.72%，杂粮由 0.34%上升为 1.18%，大豆由 0.92%上升为 1.32%[7]。总的趋势是水稻比重有所下降，其他粮食作物比重逐步上升。

五、推进绿色食品开发

绿色食品是指无污染、优质、安全、营养类的食品。我国农业部（现农业农村部）于 1989 年正式提出“绿色食品”工程。1993 年 6 月，江西在全国率先成立江西省发展绿色食品领导小组和江西省绿色食品办公室，随后一些地级市也相继成立了绿色食品领导小组和办事机构。全省绿色食品管理和开发由点到面逐步铺开。

2001 年 1 月，中国绿色食品检测中心江西分中心正式挂牌成立。截至 2002 年 3 月上旬，江西从事绿色食品开发的企业达到 130 个，获绿色食品标志产品数达 105 个，正在申报的绿色食品为 60 个，实现销售收入 30 多亿元，实现出口创汇 1900 多万美元[8]。江西是产粮大省，是“鱼米之乡”，稻米是农产品的重要组成部分，因此，在获得绿色食品标志的产品中，优质、绿色大米品牌占有相当大的比重。优质、绿色大米品牌有“江西丝苗”“万年贡米”“奉新红米”“南城麻姑米”等，享誉中外。此外，‘双竹粘’‘丝苗’‘赣晚籼 30 号’等还被评为国优、部优或省优产品，是主要的出口优质大米。

应该指出的是，1992～2003 年江西粮食生产发展的主要目标是以优化质量、提高效益（主要是指经济效益）为核心的，而对产量的要求在一定程度上有所忽略、有所放松，从而出现粮食播种面积、粮食总产量和人均粮食占有量均下滑的现象，必须引起警觉。1992～2003 年江西粮食生产状况如表 5-5 所示。

表 5-5　1992～2003 年江西粮食生产状况

年份	播种面积/万公顷	单产/（千克/公顷）	总产量/万吨	人均粮食占有量/千克
1992	344.62	4544.14	1566.00	402.67
1993	336.01	4515.04	1517.10	385.05
1994	343.44	4668.94	1603.50	401.78
1995	351.00	4579.49	1607.40	397.97
1996	357.06	4946.80	1766.30	432.92
1997	358.65	4928.80	1767.70	428.22
1998	342.11	4546.78	1555.50	372.93
1999	354.82	4883.32	1732.70	411.47

续表

年份	播种面积/万公顷	单产/（千克/公顷）	总产量/万吨	人均粮食占有量/千克
2000	332.20	4860.33	1614.60	391.04
2001	326.52	4900.16	1600.00	383.97
2002	318.80	4860.41	1549.50	368.58
2003	305.11	4753.37	1450.30	342.21
2003年相较1992年的变化幅度/%	−11.46	4.60	−7.39	−15.01

资料来源：《新中国农业60年统计资料》[1]。

第六节　增长阶段

一、粮食增长概况

2004～2011年，我国粮食生产出现了前所未有的喜人景象。这完全得益于国家政策、科技支撑、市场调节、资金投入，以及农民种粮积极性高涨等。

从2004年开始，江西粮食生产迈入了持续增长阶段。由表5-6可知，2004～2011年，无论是播种面积、单产、总产量，还是人均粮食占有量，基本呈现逐年增长态势（只有个别年份例外）。例如，粮食作物播种面积从2004年的342.54万公顷增加到2011年的370.97万公顷，增长8.30%；粮食单产由2004年的5264.80千克/公顷增加到2011年的5656.80千克/公顷，提高7.45%；粮食总产量由2004年的1803.40万吨增加到2011年的2098.52万吨，增长16.36%；全省人均粮食占有量由2004年的422.44千克增加到2011年的469.05千克，增加11.03%[9-11]。

表5-6　2004～2011年江西粮食生产状况

年份	播种面积/万公顷	单产/（千克/公顷）	总产量/万吨	人均粮食占有量/千克
2004	342.54	5264.80	1803.40	422.44
2005	351.90	5268.10	1853.86	431.43
2006	354.71	5346.70	1896.52	438.50
2007	353.67	5407.30	1912.41	439.23
2008	360.13	5485.30	1975.43	450.60
2009	363.97	5575.30	2029.24	459.52
2010	368.64	5396.70	1989.45	447.37
2011	370.97	5656.80	2098.52	469.05
2011年相较2004年的增长幅度/%	8.30	7.45	16.36	11.03

资料来源：《新中国农业60年统计资料》[1]、《江西统计年鉴2010》[9]、《江西统计年鉴2011》[10]、《江西统计年鉴2012》[11]。

二、粮食增长原因

2004～2011 年，江西粮食生产能取得持续增长的成就，其突出原因在于以下几个方面[12]。

1. 江西省委、省政府对粮食生产的高度重视

十六大以大，江西按照“山上建绿色银行，山下建优质粮仓，水面兴特色养殖”和“希望在山、潜力在水、重点在田、后劲在畜、出路在工”的农业发展新思路，在稳定发展粮食生产的同时，大力发展经济作物和林业、养殖业，全省农业综合生产能力进一步提高。2007 年年初，江西省委、省政府针对发展粮食生产又明确提出“两个不动摇”的指导思想，即江西作为国家粮食主产区的地位不动摇，江西肩负国家粮食安全的责任不动摇。正是按照江西省委、省政府的这一系列正确指导思想行动，江西粮食生产才能稳步发展、连续增长。

2. 国家支农、强农、惠农政策的实施

一是从 2004 年国家实行重点粮食品种最低收购价以来，粮食收购价格不断提高，使农民尝到了种粮的甜头。自 2005 年江西实施粮食最低收购价及临时存储等国家支农、惠农政策以来，截至 2009 年 10 月，江西农民已从中受益 10.8 亿元。二是国家施行农民种粮补贴制度，实行农业“四补贴”（种粮直补、良种补贴、农机购置补贴、农资综合补贴），全国补贴资金由 2004 年的 145 亿元增加到 2010 年的 1345 亿元。对产粮大县进行财政奖励，资金由 2005 年的 55 亿元增加到 2010 年的 180 亿元。2007 年江西投入农机购置补贴资金 1.02 亿元，较 2006 年增加 7020 万元；拉动农民投入购买农机的资金达 3.7 亿元，较 2006 年增加 2.1 亿元；农资综合补贴达 9.9 亿元，较 2006 年增加 4.8 亿元。三是从 2006 年起，国家全面取消农业税、牧业税、农业特产税、屠宰税，为广大农民减轻了负担，极大地调动了农民种田、种粮的积极性，等等。这一系列支农、强农、惠农政策的实施对促进江西粮食生产持续增长起到了重要作用。

3. “造地增粮富民工程”的实施

为了增加粮田面积，减缓因工业化、城市化、城镇化而带来的耕地减少的压力，确保粮食产量稳步提高，江西从 2007 年开始实施为期 5 年的“造地增粮富民工程”，以吉泰盆地和鄱阳湖平原为重点区域，计划通过开发、整理土地 25.33 万公顷，实现新增有效耕地面积 2.7 万公顷。据江西省国土资源厅耕地保护

处统计，截至 2009 年年底，工程投入达 30 亿元，实施项目 348 个，新增耕地面积 2.47 万公顷，增加粮食产能 7.92 亿千克，增加农民收入 15 亿元。可以说，自 2004 年以来江西粮食生产持续增长，“造地增粮富民工程”功不可没。

4. “科技兴粮”的贯彻实施

自 2004 年以来，江西全省实施“粮食丰产科技工程”“超级稻示范推广工程”“农业科技入户示范工程”等国家重大科技项目，示范推广了一大批农业科技成果，对于稳定和促进江西粮食生产发挥了重要作用；2004～2011 年，江西各级农业部门在全省广泛推广水稻抛秧技术、水稻直播技术、水稻少免耕技术和秸秆还田保护性耕作技术、水稻超高产栽培技术、水稻病虫害综合防治技术，以及“多用一斤种、增收百斤粮”综合增产技术等。这些技术措施的推广应用极大地推动了粮食生产的高产高效和可持续发展。

第七节　低 碳 阶 段

2012 年 11 月，党的十八大报告《坚定不移沿着中国特色社会主义道路前进 为全面建成小康社会而奋斗》明确提出，坚持节约资源和保护环境的基本国策，坚持节约优先、保护优先、自然恢复为主的方针，着力推进绿色发展、循环发展、低碳发展，形成节约资源和保护环境的空间格局、产业结构、生产方式、生活方式……按照党中央的战略部署，发展农业、发展粮食生产必然走“绿色、循环、低碳”之路。在这一大战略、大背景下，江西粮食生产从 2012 年开始进入低碳阶段，其具体表现和主要特征为物质投入减量化、资源利用循环化、灾害防控绿色化和种植技术低碳化。

一、物质投入减量化

从农用化肥施用量来看，2012 年江西农用化肥施用量达到 426.9 万吨（实物量）和 141.3 万吨（折纯量），2020 年减至 331.3 万吨（实物量）和 108.8 万吨（折纯量）。2020 年比 2012 年分别减少 95.6 万吨（实物量）和 32.5 万吨（折纯量），减少幅度分别为 22.4%（实物量）和 23.0%（折纯量）。

从农药施用量来看，2012 年江西农药施用量达到了 100 413.0 吨，2020 年减至 52 708.0 吨，2020 年比 2012 年少施用农药 47 705.0 吨，农药施用量减少 47.5%。

2012 年、2020 年江西农用化肥和农药施用量比较如表 5-7 所示。

表 5-7　2012 年、2020 年江西农用化肥和农药施用量比较

年份	农用化肥施用量/万吨										农药施用量/吨
	实物量					折纯量					
	氮肥	磷肥	钾肥	复合肥	总量	氮肥	磷肥	钾肥	复合肥	总量	
2012	136.3	81.6	53.6	155.4	426.9	42.9	22.7	21.1	54.6	141.3	100 413.0
2020	92.3	55.3	39.1	144.6	331.3	28.8	15.0	15.3	49.8	108.9	52 708.0
2020 年比 2012 年减少/万吨	44.0	26.3	14.5	10.8	95.6	14.1	7.7	5.8	4.8	32.4	47 705.0
2020 年比 2012 年减少/%	32.3	32.2	27.1	6.9	22.4	32.9	33.9	27.5	8.8	23.0	47.5

资料来源：《江西统计年鉴 2013》[13]、《江西统计年鉴 2021》[14]。

二、资源利用循环化

一是作物秸秆资源的综合利用、循环利用。据调查，江西作物秸秆资源综合利用率已达到 95.1%。例如，稻草已广泛用于制作肥料（稻草直接还田或入沼气池）、饲料（稻草可用来喂牛）、基料（用稻草种植食用菌，如生产草菇、大球盖菇等）、工业原料（稻草可用来造纸）、燃料等。二是畜禽粪便资源的综合利用、循环利用。江西畜禽粪便资源综合利用率已达到 96.8%[15]。三是生活垃圾资源的综合利用、循环利用。例如，将剩饭剩菜等各种生活垃圾和废弃物进行堆沤等无害化处理之后，用作饲料或肥料，不仅节约了资源、保护了生态环境，还产生了经济价值、提升了经济效益，一举多得。

三、灾害防控绿色化

在江西粮食生产过程中，常常遭受病虫草害等多种影响和危害，造成粮食减产、失收，危及粮食稳产、高产和可持续发展。如果采用传统方法，则必然通过大量喷施农药达到防治病虫草害的目的。采用这种传统方法虽然暂时控制住了某些病虫草害，但大量使用农药必然造成生物多样性降低，大量有益天敌被杀灭，以及有毒、有害物质残留，严重污染土壤和整个农田生态环境，最终导致农产品产量下降和质量不安全、不合格。这与绿色发展理念极不相符、背道而驰。

为实现粮食生产的绿色、循环、低碳发展，江西各地做到灾害防控绿色化、生态化，并已取得积极成效。

（一）水旱轮作

针对长期种植双季稻的农田，实行水稻与旱作物复种轮作（简称“水旱轮作”），如“肥—稻—稻→油菜—早稻—甘薯‖大豆→混播绿肥（紫云英×油菜×肥田萝卜）—早稻—玉米‖大豆”，可改良土壤、提高地力、减轻病虫草害、消除土壤污染、减少有毒有害物质（如土壤重金属）积累，从而实现粮食生产的高产、优质、高效。

（二）复合种养

稻田复合种养（也称立体种养、综合种养、生态种养或稻渔综合种养）是一种典型的稻田绿色种养模式，即在种植水稻的同时，将鱼、虾等各种水生生物纳入稻田养殖，形成稻、鱼、虾等共生（共栖、共作）的复合种养群体，改变了单一种稻的系统结构，形成了多生物物种、多层次结构、多系统功能的稻田高效复合种养模式。2020 年，全国稻田复合种养面积达到 256.26 万公顷，比“十二五”末增加 106.09 万公顷，增幅为 70.65%；生产各类水产品 325.39 万吨，比“十二五”末增加 169.57 万吨，增幅高达 108.82%[16]。2019 年，江西稻田复合种养面积为 10.67 万公顷，水产品总量达到 14.76 万吨[17]；2020 年，江西稻田复合种养面积达到 13.33 万公顷，居全国第 7 位（仅次于湖北、安徽、湖南、四川、江苏、贵州 6 省）[16]。稻田复合种养实现了“以水养稻、以稻养渔（“渔”指水产动物，如鱼、蟹、虾、鳖等）、渔食虫草（“渔”控制稻田病虫草害，可以少用甚至不用农药）、渔粪（排泄物）肥田、生态防控、绿色发展”，以及“一水多产”（水稻、水产品）、“一田多效”（经济效益、生态效益和社会效益）。

（三）避灾种植

通过改革耕作制度，调整作物熟制，进行防灾种植、避灾种植、生态种植，从而达到防灾减灾、灾年丰产的效果。江西鄱阳湖地区分布着大面积的低洼易涝农田，每年 6～8 月极易遭受洪涝灾害危害，严重威胁着双季稻的高产稳产。为有效防范洪灾对粮食生产造成的危害，该地区将传统“绿肥—早稻—晚稻”三熟制改为“油菜—晚稻”两熟制，有效地规避了洪水对早稻生产产生的危害，不仅粮食产量没有减少，反而增加了冬季作物的收成。若将冬季作物改成各种冬季蔬菜（如大蒜等），则其效益更佳。

（四）生态控害

生态控害即充分利用害虫与生物（植物或动物）间的相生相克的食物链生态关系，从而达到控制作物病虫害的目的，具体包括如下几个方面的措施。

（1）释放害虫天敌。例如，在水稻生长过程中，为有效防控水稻害虫（稻飞虱、螟虫等）危害水稻生长，保护好并人工释放害虫天敌寄生蜂、寄生蝇、瓢虫、青蛙、蜻蜓等，利用天敌的捕食有效控制虫害，既经济划算又可达到生态环保的效果。

（2）种植诱集植物。在稻田边较宽的路边、机耕道或公路旁种植螟虫的诱集植物香根草，条带种植时丛距为 3～5 米，对稻田的有效控制距离为 20 米以上。香根草是宿根植物，一次种植多年生长。有文献报道，冬季最低气温在-10℃以上的地区香根草可以安全越冬[18]。香根草最佳种植时间为每年 3 月底至 4 月初，第一年种植时，可适当浇水施氮肥，促进植株成活，当植株生长过高影响行走作业时和入冬之前，可在近地面处刈割，第二年春季植株自然萌发生长。二化螟、大螟喜好在香根草上产卵孵化和钻蛀，但在香根草茎秆内难以完成幼虫发育，绝大部分不能发育到化蛹，从而减少了田间螟虫的发生量。此外，在稻田田塍（田埂）上种植大豆（江西各地俗称“田塍豆”“田埂豆”）、芝麻等蜜源植物，对防控水稻虫害具有良好效果。

（3）理化引诱。理化引诱包括灯光诱杀、性引诱剂诱杀、草把诱杀、防虫网诱杀等，可有效诱杀水稻螟虫、稻纵卷叶螟、稻飞虱等主要害虫的成虫，降低虫口基数，从而起到有效防控虫害、确保稻谷产量的重要作用。

一系列灾害绿色防控措施有力地促进了江西粮食生产的高产高效和农业生态系统的可持续发展。一是产量增加。防控粮食作物病虫草害、水旱灾害等，其直接作用和成效就是粮食稳产、增产。2021 年，江西粮食总产量达到 219.25 亿千克，连续 9 年超 215 亿千克，其中早稻产量增幅居全国第 1 位，双季稻产量居全国粮食主产省第 1 位。二是品质提升。据江西省发展和改革委员会统计，江西“两品一标”（绿色食品、有机农产品和农产品地理标志）农产品数量达到 3894 个，农产品抽检合格率稳定在 98%以上[15]。据江西省农业农村厅资料显示，全省绿色、有机、地理标志农产品达到 4417 个[19]。三是农药施用量减少。2020 年全省农药施用量比 2012 年减少近 1/2（表 5-7）。四是环境改善。从水质来看，2022 年 1～3 月，全省国考断面水质优良比例为 97.7%，与上一年同期相比，上升 4.5%[20]；鄱阳湖总磷浓度为 0.058 毫克/升，与上一年同期相比，下降 23.7%；长江干流和赣江干流所有断面继续保持 II 类水质；全省市、县两级集中式饮用水源地达标率为 100%。五是农民增收。2020 年，江西农村居民人均可支配收入达到 16 980.8 元，在中部 6 省中（山西为 13 878.0 元、河南为 16 107.9 元、安徽为 16 620.2 元、湖北为 16 305.9 元、湖南为 16 584.6 元）位列第 1[21]。2021 年，江西农村居民人均可支配收入比上年增长达 10%[22]。

四、种植技术低碳化

自 2012 年以来，江西各地在农业生产、粮食生产过程中，大力推广绿色、循环、低碳种植技术[22]，在种植技术低碳化方面向前迈了一大步。

（一）固碳技术

一是在粮食生产过程中推广保护性耕作技术。江西很多地方常常在早稻收割完之后，不进行任何土壤耕翻（耕作），而是直接采用免耕的办法，进行晚稻的直播或抛秧，这不仅节时（节省耕作的农耗时间）、省工、省力，还能保土、保水、保肥，是一种典型的低碳种植技术。二是作物秸秆还田。近年来，江西大力推广作物秸秆还田技术，尤其是稻草还田，该技术的使用已相当普遍，其带来的生产实际成效是显著的。该技术通过秸秆粉碎抛撒、机械还田等措施，配套应用调氮促腐技术，将碳保留在土壤中，增加土壤有机质含量，减少化肥施用量，具有减肥、增产、固碳、降污等多重效果。

（二）减排技术

为有效实现稻田碳减排，江西各地广泛推广以下技术和方法。一是推广低碳型水稻品种，实现利用“良种”减排。二是减少投入，尤其是减少化肥、农药、农膜等的投入量，实现减投、减排。2020 年江西农用化肥施用量比 2012 年减少 20%以上（表 5-7），为农业减排做出了积极贡献。三是改进粮食作物的种植技术和管理方法，如实行节水灌溉、湿润灌溉、肥料深施、测土配方施肥及水肥一体化等，大幅提高了水肥利用效率，从而实现高效减排的目标。

（三）碳汇技术

实行稻田冬季开发，扩大冬季作物播种面积，利用紫云英、油菜和各种冬季蔬菜等，将昔日的冬闲田、撂荒田变成今日的冬绿田、冬肥田、冬菜田，从而实现扩绿增汇[23]。

参 考 文 献

[1] 中华人民共和国农业部．新中国农业 60 年统计资料[M]．北京：中国农业出版社，2009.
[2] 黄国勤．江西省耕作制度理论与实践[M]．南昌：江西科学技术出版社，1996.
[3] 黄国勤．江西农业[M]．北京：新华出版社，2000.
[4] 黄国勤．建国以来江西省耕作制度的改革与发展[J]．中国农史，1994，13（2）：94-106.
[5] 黄国勤．江西粮食生产与粮食安全[J]．中国农业科技导报，2004，6（4）：28-32.
[6] 江西省水利厅．江西省水利志[M]．南昌：江西科学技术出版社，1995.
[7] 黄国勤．论农业结构调整[J]．江西农业大学学报，2001，23（2）：261-266.
[8] 黄国勤．论江西耕作制度的发展[J]．江西农业学报，2005，17（4）：99-105.
[9] 江西省统计局，国家统计局江西调查总队．江西统计年鉴 2010[M]．北京：中国统计出版社，2010.
[10] 江西省统计局，国家统计局江西调查总队．江西统计年鉴 2011[M]．北京：中国统计出版社，2011.
[11] 江西省统计局，国家统计局江西调查总队．江西统计年鉴 2012[M]．北京：中国统计出版社，2012.

[12] 王立祥，廖允成．中国粮食问题：中国粮食生产能力提升及战略储备[M]．银川：阳光出版社，2013．
[13] 江西省统计局，国家统计局江西调查总队．江西统计年鉴 2013[M]．北京：中国统计出版社，2013．
[14] 江西省统计局，国家统计局江西调查总队．江西统计年鉴 2021[M]．北京：中国统计出版社，2021．
[15] 张和平．关于国家生态文明试验区（江西）建设情况的报告：2022 年 1 月 18 日在江西省第十三届人民代表大会第六次会议上[N]．江西日报，2022-02-15（6）．
[16] 农业农村部渔业渔政管理局，全国水产技术推广总站，中国水产学会．“十三五”中国稻渔综合种养产业发展报告[J]．中国水产，2022（1）：43-52．
[17] 农业农村部渔业渔政管理局，全国水产技术推广总站，中国水产学会．中国稻渔综合种养产业发展报告（2020）[J]．中国水产，2020（10）：12-19．
[18] 鲁艳辉，郑许松，吕仲贤．水稻螟虫诱杀植物香根草的发现与应用[J]．应用昆虫学报，2018，55（6）：1111-1117．
[19] 江枝英．推动农业农村现代化迈上新台阶[J]．当代江西，2022（6）：18-19，22．
[20] 徐延彬．高水平保护生态环境 打造美丽中国“江西样板”：关于全面建设美丽江西的调研与思考[J]．当代江西，2022（5）：38-39，44．
[21] 国家统计局．中国统计年鉴 2021[M]．北京：中国统计出版社，2021．
[22] 胡晓军．努力推动乡村振兴走在全国前列：访江西省委书记易炼红代表[N]．光明日报，2022-03-05（6）．
[23] 黄国勤．长江经济带农业绿色发展理论与实践[M]．北京：中国农业出版社，2022．

第六章　江西粮食生产面临的问题分析

从江西粮食生产的实际出发，本章重点分析江西双季稻生产、旱粮生产、优质粮生产及粮食生产存在的问题，旨在为促进新时代江西粮食生产高质量发展提供参考。

第一节　江西双季稻生产分析

一、双季稻生产概述

双季稻既是江西粮食生产的优势和特色，更是江西粮食生产的主体。

（一）双季稻播种面积

从表6-1中可以看出江西双季稻的播种面积具有如下特点。

（1）1952年，江西双季稻播种面积只有130.87万公顷；1958年突破200万公顷，达到248.76万公顷；1970年突破300万公顷，达到309.76万公顷；之后，维持在300万公顷以上达16年之久（1970～1985年）；1986～1990年，江西双季稻播种面积在290万～310万公顷之间波动，不稳定；1991～2020年，江西双季稻播种面积一直处在300万公顷以下，并且总体呈现不断下降态势，从291万公顷（1991年为291.77万公顷）下降至不足250万公顷（2020年为249.60万公顷）[1-3]。

（2）江西双季稻播种面积最高的年份是1977年，全省双季稻播种面积达到318.59万公顷（其中，早稻播种面积为172.09万公顷，双季晚稻播种面积为146.50万公顷），分别占全省水稻播种面积（343.99万公顷）、粮食作物播种面积（388.29万公顷）、农作物播种面积（578.83万公顷）的92.62%、82.05%和55.04%[1-3]。

（3）从双季稻播种面积所占比重来看，江西双季稻播种面积占全省水稻播种面积比重：1952～1957年，多为50%～60%；1958～1968年，为70%～90%；1969～1997年，均在90%以上；1998～2020年，比重基本呈现下降趋势，从87.41%下降至72.52%。江西双季稻播种面积占全省粮食作物播种面积比重：1952～1957年，在40%左右；1958～1972年，为50%～80%；1973～1991年，均在 80%以上；1992～2020 年，均在 80%以下，并且基本呈现下降趋势。江西双季稻播种面积占全省农作物播种面积比重：1952～1967 年，在 25%～50%之间波动；1968～1991 年，均在 50%以上；1992～2004 年，为 44%～50%；2005～2014 年，为 50%～54%；2015～2020 年，在 50%以下[1-3]。

表 6-1　1949～2020 年江西双季稻播种面积及占水稻、粮食作物、农作物播种面积比重

年份	播种面积/万公顷						双季稻播种面积比重/%		
	早稻	双季晚稻	双季稻	水稻	粮食作物	农作物	占水稻播种面积	占粮食作物播种面积	占农作物播种面积
1949	—	—	—	225.39	263.37	319.31	—	—	—
1950	—	—	—	228.28	271.83	333.59	—	—	—
1951	—	—	—	224.81	277.26	352.19	—	—	—
1952	102.54	28.33	130.87	264.12	334.09	440.95	49.55	39.17	29.68
1953	108.91	28.69	137.60	268.31	347.40	454.38	51.28	39.61	30.28
1954	103.54	33.95	137.49	268.46	357.01	465.70	51.21	38.51	29.52
1955	106.93	41.39	148.32	276.06	371.60	486.63	53.73	39.91	30.48
1956	118.55	63.08	181.63	300.40	400.48	531.24	60.46	45.35	34.19
1957	116.20	57.35	173.55	294.24	396.00	546.12	58.98	43.83	31.78
1958	166.07	82.69	248.76	308.58	409.89	580.36	80.61	60.69	42.86
1959	155.17	82.15	237.32	289.52	384.21	574.63	81.97	61.77	41.30
1960	161.72	98.62	260.34	306.05	392.42	595.20	85.06	66.34	43.74
1961	150.66	78.73	229.39	298.65	387.47	557.63	76.81	59.20	41.14
1962	139.90	73.26	213.16	291.14	377.99	533.33	73.22	56.39	39.97
1963	140.59	77.73	218.32	293.14	378.73	530.11	74.48	57.65	41.18
1964	150.84	93.80	244.64	310.99	388.63	553.15	78.66	62.95	44.23
1965	158.12	107.11	265.23	321.59	389.34	569.77	82.47	68.12	46.55
1966	176.60	112.97	289.57	324.14	386.31	582.51	89.33	74.96	49.71
1967	168.21	109.41	277.62	319.81	375.57	568.12	86.81	73.92	48.87
1968	173.5	109.33	282.83	316.86	370.83	558.95	89.26	76.27	50.60
1969	177.11	122.85	299.96	328.27	381.12	594.21	91.38	78.70	50.48
1970	178.73	131.03	309.76	332.69	387.11	574.27	93.11	80.02	53.94
1971	180.68	135.63	316.31	336.47	402.36	590.77	94.01	78.61	53.54
1972	174.63	130.14	304.77	329.70	390.49	578.65	92.44	78.05	52.67
1973	172.87	135.43	308.30	335.78	369.55	581.15	91.82	83.43	53.05
1974	173.88	139.25	313.13	337.37	387.92	580.32	92.82	80.72	53.96
1975	172.71	140.23	312.94	339.25	387.13	575.89	92.24	80.84	54.34
1976	171.39	139.79	311.18	337.41	382.35	569.03	92.23	81.39	54.69
1977	172.09	146.50	318.59	343.99	388.29	578.83	92.62	82.05	55.04
1978	168.39	141.73	310.12	338.03	382.08	570.10	91.74	81.17	54.40

续表

年份	播种面积/万公顷						双季稻播种面积比重/%		
	早稻	双季晚稻	双季稻	水稻	粮食作物	农作物	占水稻播种面积	占粮食作物播种面积	占农作物播种面积
1979	165.86	143.49	309.35	338.68	384.40	569.90	91.34	80.48	54.28
1980	164.00	144.40	308.40	338.37	377.53	555.40	91.14	81.69	55.53
1981	163.10	143.17	306.27	336.27	375.83	554.30	91.08	81.49	55.25
1982	161.85	142.45	304.30	333.95	374.39	553.00	91.12	81.28	55.03
1983	162.95	142.15	305.10	332.37	371.41	546.50	91.80	82.15	55.83
1984	161.66	144.45	306.11	332.69	371.41	545.70	92.01	82.42	56.09
1985	157.09	143.48	300.57	326.49	365.09	541.90	92.06	82.33	55.47
1986	155.86	143.54	299.40	325.07	362.98	543.90	92.10	82.48	55.05
1987	155.89	145.86	301.75	326.87	364.79	548.30	92.31	82.72	55.03
1988	155.29	140.33	295.62	321.05	358.87	539.60	92.08	82.38	54.79
1989	156.37	148.80	305.17	329.77	369.39	555.53	92.54	82.61	54.93
1990	156.42	148.85	305.27	328.66	370.09	575.97	92.88	82.49	53.00
1991	150.67	141.10	291.77	314.61	358.97	582.97	92.74	81.28	50.05
1992	136.22	139.38	275.60	298.15	344.62	584.49	92.44	79.97	47.15
1993	124.56	138.59	263.15	286.51	336.01	572.10	91.85	78.32	46.00
1994	129.19	140.37	269.56	293.95	343.44	575.34	91.70	78.49	46.85
1995	133.61	144.57	278.18	301.94	351.00	594.95	92.13	79.25	46.76
1996	136.34	145.19	281.53	305.54	357.06	610.53	92.14	78.85	46.11
1997	135.02	147.17	282.19	308.74	358.65	603.76	91.40	78.68	46.74
1998	132.77	132.49	265.26	303.46	342.11	580.40	87.41	77.54	45.70
1999	130.83	145.17	276.00	305.00	354.82	587.10	90.49	77.79	47.01
2000	117.30	134.63	251.93	283.20	332.20	565.08	88.96	75.84	44.58
2001	112.73	130.11	242.84	280.83	326.52	553.47	86.47	74.37	43.88
2002	111.05	126.57	237.62	278.67	318.80	535.51	85.27	74.54	44.37
2003	108.38	112.17	220.55	268.53	305.11	499.74	82.13	72.29	44.13
2004	122.90	136.33	259.23	309.59	342.54	525.81	83.73	75.68	49.30
2005	128.43	143.01	271.44	318.77	351.90	532.89	85.15	77.14	50.94
2006	136.98	146.19	283.17	327.11	354.71	525.56	86.57	79.83	53.88
2007	137.26	143.77	281.03	324.56	353.67	522.64	86.59	79.46	53.77
2008	139.45	146.84	286.29	331.31	360.13	535.09	86.41	79.50	53.50
2009	139.65	147.33	286.98	334.42	363.97	541.15	85.81	78.85	53.03
2010	138.86	149.67	288.53	341.04	368.64	550.50	84.60	78.27	52.41
2011	140.24	150.82	291.06	344.13	370.97	554.64	84.58	78.46	52.48
2012	140.11	149.75	289.86	347.65	374.78	559.78	83.38	77.34	51.78
2013	139.11	148.09	287.20	350.19	377.53	563.74	82.01	76.07	50.95
2014	136.99	147.26	284.25	352.26	379.41	566.73	80.69	74.92	50.16
2015	135.36	144.94	280.30	354.13	381.49	568.84	79.15	73.48	49.28

续表

年份	播种面积/万公顷						双季稻播种面积比重/%		
	早稻	双季晚稻	双季稻	水稻	粮食作物	农作物	占水稻播种面积	占粮食作物播种面积	占农作物播种面积
2016	129.61	138.58	268.19	352.71	380.72	560.21	76.04	70.44	47.87
2017	127.92	136.68	264.60	350.47	378.63	559.69	75.50	69.88	47.28
2018	120.76	131.88	252.64	343.62	372.13	555.59	73.52	67.89	45.47
2019	109.59	120.95	230.54	334.62	366.51	552.12	68.90	62.90	41.76
2020	121.75	127.85	249.60	344.18	377.24	564.44	72.52	66.16	44.22

资料来源：《新中国农业 60 年统计资料》[1]、《中国统计年鉴 2021》[2]、《江西统计年鉴 2021》[3]等。

注：表中的“—”指数据暂缺。

（二）双季稻产量

从表 6-2 中可以看出江西双季稻的产量具有如下特点[1-4]。

（1）江西双季稻产量从 1952 年的 261.82 万吨增至 2020 年的 1421.00 万吨，增长 1159.18 万吨，净增 4.43 倍，为江西粮食增长和粮食安全做出巨大贡献。

（2）从双季稻产量占全省稻谷总产量的比重来看，有的年份占比较大，在 90%以上，如 1971 年占比达到 93.83%；进入 21 世纪，双季稻产量占全省稻谷总产量的比重多在 80%以上，但在 2019 年和 2020 年双季稻产量占全省稻谷总产量的比重降至 70%以下。

（3）从双季稻产量占全省粮食总产量的比重来看，1952 年只有 45.53%，2020 年为 65.67%，后者比前者提高了 20.14 个百分点；1990 年，双季稻产量占全省粮食总产量的比重达到最高，为 88.93%。

表 6-2　1949～2020 年江西双季稻产量及占稻谷、粮食总产量比重

年份	产量/万吨					双季稻产量比重/%	
	早稻	双季晚稻	双季稻	稻谷	粮食	占稻谷总产量	占粮食总产量
1949	—	—	—	361.72	387.65	—	—
1950	—	—	—	419.31	449.06	—	—
1951	—	—	—	393.36	428.38	—	—
1952	224.85	36.97	261.82	525.81	575.07	49.79	45.53
1953	229.60	36.03	265.63	521.44	575.80	50.94	46.13
1954	211.59	44.95	256.54	521.13	575.14	49.23	44.60
1955	241.55	59.80	301.35	570.57	626.64	52.82	48.09
1956	277.68	83.18	360.86	583.52	648.57	61.84	55.64
1957	277.51	75.58	353.09	583.25	654.63	60.54	53.94
1958	398.84	80.81	479.65	589.09	662.40	81.42	72.41
1959	359.02	95.36	454.38	559.06	627.16	81.28	72.45

续表

年份	产量/万吨					双季稻产量比重/%	
	早稻	双季晚稻	双季稻	稻谷	粮食	占稻谷总产量	占粮食总产量
1960	342.46	121.02	463.48	551.49	606.33	84.04	76.44
1961	308.97	108.11	417.08	556.71	610.03	74.92	68.37
1962	289.85	95.12	384.97	539.65	603.54	71.34	63.79
1963	333.22	99.45	432.67	570.84	637.77	75.80	67.84
1964	365.05	137.52	502.57	643.08	700.43	78.15	71.75
1965	456.20	147.81	604.01	740.87	802.37	81.53	75.28
1966	519.47	168.94	688.41	763.95	805.38	90.11	85.48
1967	421.74	206.07	627.81	726.33	768.98	86.44	81.64
1968	482.42	207.95	690.37	777.05	829.63	88.84	83.21
1969	490.89	244.46	735.35	809.67	866.19	90.82	84.89
1970	612.52	249.16	861.68	929.86	985.55	92.67	87.43
1971	630.38	243.07	873.45	930.92	994.70	93.83	87.81
1972	605.55	251.10	856.65	927.02	995.00	92.41	86.10
1973	510.70	297.19	807.89	885.66	941.97	91.22	85.77
1974	624.90	241.29	866.19	932.64	986.38	92.88	87.82
1975	590.53	326.62	917.15	1 002.00	1 056.79	91.53	86.79
1976	594.52	293.57	888.09	976.22	1 025.00	90.97	86.64
1977	548.08	400.72	948.80	1 039.98	1 089.00	91.23	87.13
1978	616.30	364.93	981.23	1 079.36	1 125.74	90.91	87.16
1979	680.02	437.11	1 117.13	1 234.79	1 296.50	90.47	86.17
1980	648.35	424.35	1 072.70	1 188.24	1 240.04	90.28	86.51
1981	671.58	422.93	1 094.51	1 216.31	1 268.71	89.99	86.27
1982	709.12	511.37	1 220.49	1 346.73	1 408.74	90.63	86.64
1983	709.03	578.76	1 287.79	1 407.82	1 460.45	91.47	88.18
1984	773.27	598.94	1 372.21	1 492.67	1 549.18	91.93	88.58
1985	721.94	633.11	1 355.05	1 475.82	1 533.54	91.82	88.36
1986	755.88	534.09	1 289.97	1 406.84	1 453.77	91.69	88.73
1987	752.68	634.80	1 387.48	1 509.00	1 562.77	91.95	88.78
1988	722.55	641.77	1 364.32	1 483.39	1 535.43	91.97	88.86
1989	676.40	703.80	1 380.20	1 529.56	1 589.62	90.24	86.83
1990	746.90	727.70	1 474.60	1 587.70	1 658.20	92.88	88.93
1991	721.70	708.90	1 430.60	1 549.10	1 625.70	92.35	88.00
1992	621.90	710.90	1 332.80	1 473.60	1 566.00	90.45	85.11
1993	531.60	725.70	1 257.30	1 420.56	1 517.10	88.51	82.88
1994	595.50	747.70	1 343.20	1 502.83	1 603.50	89.38	83.77
1995	545.10	786.30	1 331.40	1 498.25	1 607.40	88.86	82.83
1996	669.40	808.60	1 478.00	1 655.11	1 766.30	89.30	83.68

续表

年份	产量/万吨					双季稻产量比重/%	
	早稻	双季晚稻	双季稻	稻谷	粮食	占稻谷总产量	占粮食总产量
1997	663.30	806.40	1 469.70	1 651.99	1 767.70	88.97	83.14
1998	527.40	726.40	1 253.80	1 445.11	1 555.50	86.76	80.60
1999	634.30	794.40	1 428.70	1 619.34	1 732.70	88.23	82.46
2000	590.70	700.60	1 291.30	1 491.90	1 614.60	86.55	79.98
2001	568.30	688.40	1 256.70	1 491.44	1 600.00	84.26	78.54
2002	535.00	654.00	1 189.00	1 451.60	1 549.50	81.91	76.73
2003	533.70	548.70	1 082.40	1 360.54	1 450.30	79.56	74.63
2004	638.20	675.80	1 314.00	1 711.90	1 803.40	76.76	72.86
2005	666.00	734.70	1 400.70	1 769.74	1 853.86	79.15	75.56
2006	729.00	806.30	1 535.30	1 832.56	1 896.52	83.78	80.95
2007	746.30	787.40	1 533.70	1 813.90	1 912.41	84.55	80.20
2008	773.30	820.80	1 594.10	1 862.10	1 975.43	85.61	80.70
2009	793.80	849.30	1 643.10	1 905.90	2 029.24	86.21	80.97
2010	705.50	893.80	1 599.30	1 858.30	1 989.45	86.06	80.39
2011	785.60	898.20	1 683.80	1 950.10	2 098.52	86.34	80.24
2012	800.20	910.30	1710.50	1 976.00	2 140.64	86.56	79.91
2013	828.00	911.70	1 739.70	2 004.00	2 182.37	86.81	79.72
2014	820.10	932.60	1 752.70	2 025.20	2 220.39	86.54	78.94
2015	811.90	936.10	1 748.00	2 027.20	2 235.61	86.23	78.19
2016	785.90	928.10	1 714.00	2 012.60	2 234.40	85.16	76.71
2017	835.60	845.00	1 680.60	2 126.15	2 221.73	79.04	75.64
2018	693.90	804.00	1 497.90	2 092.50	2 190.70	71.58	68.38
2019	626.20	735.20	1 361.40	2 048.30	2 157.45	66.46	63.10
2020	646.70	774.30	1 421.00	2 051.20	2 163.88	69.28	65.67

资料来源：《新中国农业 60 年统计资料》[1]、《中国统计年鉴 2021》[2]、《江西统计年鉴 2021》[3]《中国农业年鉴 2020》[4]等。

注：表中的“—”指数据暂缺。

二、江西双季稻的重要地位

从表 6-3 中可以看出，从播种面积来看，1970 年江西双季稻播种面积占全国双季稻播种面积的比重为 15.13%，2019 年江西双季稻播种面积占全国双季稻播种面积的比重上升至 24.46%，即江西双季稻播种面积已经达到全国双季稻播种面积的近 1/4；从总产量来看，1970 年江西双季稻总产量占全国双季稻总产量的比重为 13.52%，2019 年江西双季稻总产量占全国双季稻总产量的比重上升至 24.16%，2017 年比重上升至 26.63%，即江西双季稻总产量已经接近或超过全国双季稻总产量的 1/4[1-4]。这足见江西双季稻在全国稻谷生产、粮食生产中的战略地位和重要作用。

表 6-3　1970～2019 年江西双季稻播种面积、总产量及占全国双季稻的比重

年份	江西双季稻		全国双季稻播种面积/万公顷			全国双季稻总产量/万吨			江西占全国比重/%	
	播种面积/万公顷	总产量/万吨	早稻	双季晚稻	双季稻	早稻	双季晚稻	双季稻	播种面积	总产量
1970	309.76	861.68	1 031.53	1 015.99	2 047.52	3 741.0	2 632.0	6 373.0	15.13	13.52
1971	316.31	873.45	1 239.03	1 168.48	2 407.51	4 425.0	2 982.0	7 407.0	13.14	11.79
1972	304.77	856.65	1 276.89	1 186.64	2 463.53	4 573.5	3 139.0	7 712.5	12.37	11.11
1973	308.30	807.89	1 266.64	1 223.49	2 490.13	4 475.5	3 551.0	8 026.5	12.38	10.07
1974	313.13	866.19	1 287.87	1 262.35	2 550.22	5 080.5	3 329.5	8 409.0	12.28	10.30
1975	312.94	917.15	1 288.34	1 271.59	2 559.93	4 870.0	3 478.0	8 348.0	12.22	10.99
1976	311.18	888.09	1 308.18	1 287.34	2 595.52	5 164.0	3 381.0	8 545.0	11.99	10.39
1977	318.59	948.80	1 273.34	1 267.64	2 540.98	4 620.5	3 900.5	8 521.0	12.54	11.13
1978	310.12	981.23	1 225.02	1 211.59	2 436.61	5 081.0	3 907.5	8 988.5	12.73	10.92
1979	309.35	1 117.13	1 147.88	1 168.27	2 316.15	5 197.5	4 169.5	9 367.0	13.36	11.93
1980	308.40	1 072.70	1 116.57	1 122.40	2 238.97	4 914.0	3 671.0	8 585.0	13.77	12.50
1981	306.27	1 094.51	1 069.51	1 076.03	2 145.54	4 953.5	3 613.5	8 567.0	14.27	12.78
1982	304.30	1 220.49	1 056.54	1 065.59	2 122.13	5 306.0	4 481.5	9 787.5	14.34	12.47
1983	305.10	1 287.79	1 054.84	1 047.57	2 102.41	5 076.5	4 818.5	9 895.0	14.51	13.01
1984	306.11	1 372.21	1 031.32	1 043.12	2 074.44	5 330.5	4 847.0	10 177.5	14.76	13.48
1985	300.57	1 355.05	962.29	975.51	1 937.80	4 880.7	4 517.6	9 398.3	15.51	14.42
1986	299.40	1 289.97	959.03	984.64	1 943.67	4 961.9	4 467.2	9 429.1	15.40	13.68
1987	301.75	1 387.48	941.66	981.66	1 923.32	4 766.9	4 754.2	9 521.1	15.69	14.57
1988	295.62	1 364.32	926.64	960.55	1 887.19	4 728.2	4 501.0	9 229.2	15.66	14.78
1989	305.17	1 380.20	941.14	982.46	1 923.60	4 897.2	4 965.3	9 862.5	15.86	13.99
1990	305.27	1 474.60	946.47	988.79	1 935.26	5 164.9	5 043.8	10 208.7	15.77	14.44
1991	291.77	1 430.60	913.25	963.33	1 876.58	4 677.6	5 229.8	9 907.4	15.55	14.44
1992	275.60	1 332.80	876.83	914.40	1 791.23	4 745.8	5 036.4	9 782.2	15.39	13.62
1993	263.15	1 257.30	799.91	1 021.24	1 821.15	4 133.9	5 736.5	9 870.4	14.45	12.74
1994	269.56	1 343.20	800.16	1 101.40	1 901.56	4 086.2	6 324.1	10 410.3	14.18	12.90
1995	278.18	1 331.40	819.96	1 008.86	1 828.82	4 222.4	5 908.1	10 130.5	15.21	13.14
1996	281.53	1 478.00	828.40	909.46	1 737.86	4 398.2	5 176.7	9 574.9	16.20	15.44
1997	282.19	1 469.70	816.09	895.05	1 711.14	4 577.7	4 993.7	9 571.4	16.49	15.36
1998	265.26	1 253.80	780.81	893.01	1 673.82	4 052.3	4 863.6	8 915.9	15.85	14.06
1999	276.00	1 428.70	757.54	840.80	1 598.34	4 096.7	4 812.3	8 909.0	17.27	16.04
2000	251.93	1 291.30	681.97	756.93	1 438.90	3 752.0	4 132.3	7 884.3	17.51	16.38

续表

年份	江西双季稻		全国双季稻播种面积/万公顷			全国双季稻总产量/万吨			江西占全国比重/%	
	播种面积/万公顷	总产量/万吨	早稻	双季晚稻	双季稻	早稻	双季晚稻	双季稻	播种面积	总产量
2001	242.84	1 256.70	638.83	705.37	1 344.20	3 400.3	3 953.9	7 354.2	18.07	17.09
2002	237.62	1 189.00	587.27	656.46	1 243.73	3 029.0	3 524.2	6 553.2	19.11	18.14
2003	220.55	1 082.40	559.03	603.66	1 162.69	2 948.4	3 190.3	6 138.7	18.97	17.63
2004	259.23	1 314.00	594.64	636.44	1 231.08	3 222.0	3 296.0	6 518.0	21.06	20.16
2005	271.44	1 400.70	602.79	654.71	1 257.50	3 187.0	3 461.0	6 648.0	21.59	21.07
2006	283.17	1 535.30	599.01	633.97	1 232.98	3 186.8	3 466.9	6 653.7	22.97	23.07
2007	281.03	1 533.70	574.24	603.82	1 178.06	3 151.5	3 351.3	6 502.8	23.86	23.59
2008	286.29	1 594.10	570.79	611.05	1 181.84	3 159.5	3 416.1	6 575.6	24.22	24.24
2009	286.98	1 643.10	587.01	622.96	1 209.97	3 335.5	3 514.3	6 849.8	23.72	23.99
2010	288.53	1 599.30	579.58	622.57	1 202.15	3 133.7	3 528.3	6 662.0	24.00	24.01
2011	291.06	1 683.80	574.95	620.70	1 195.65	3 275.4	3 516.5	6 791.9	24.34	24.79
2012	289.86	1 710.50	563.83	609.11	1 172.94	3 229.9	3 595.1	6 825.0	24.71	25.06
2013	287.20	1 739.70	580.44	632.10	1 212.54	3 413.6	3 650.0	7 063.6	23.69	24.63
2014	284.25	1 752.70	579.50	635.07	1 214.57	3 401.2	3 795.9	7 197.1	23.40	24.35
2015	280.30	1 748.00	571.48	630.90	1 202.38	3 368.7	3 772.7	7 141.4	23.31	24.48
2016	268.19	1 714.00	561.99	614.50	1 176.49	3 277.6	3 669.4	6 947.0	22.80	24.67
2017	264.60	1 680.60	571.48	557.75	1 129.23	2 987.2	3 323.2	6 310.4	23.43	26.63
2018	252.64	1 497.90	479.13	527.28	1 006.41	2 859.0	3 141.5	6 000.5	25.10	24.96
2019	230.54	1 361.40	445.00	497. 41	942.41	2 626.5	3 008.7	5 635.2	24.46	24.16
2020	249.60	1 421.00	475.07	517.75	992.82	2 729.3	3 106.5	5 835.8	25.14	24.35

资料来源：《新中国农业 60 年统计资料》[1]、《中国统计年鉴 2021》[2]、《江西统计年鉴 2021》[3]、《中国农业年鉴 2020》[4]等。

三、江西双季稻生产面临的风险

江西双季稻生产面临的风险如下。

（一）面积缩减

2020 年，江西双季稻播种面积已下降至 249.60 万公顷，较 1977 年减少 68.99 万公顷，下降 21.65%；占水稻播种面积的比重下降至 72.52%，下降 20.10 个百分点（表 6-1）。这对增加江西粮食生产、维护区域粮食安全是不利的。

（二）产量下降

2014 年，江西双季稻产量达到 1752.70 万吨，居历史最高水平，分别占当年全省稻谷总产量的86.54%、粮食总产量的78.94%。但是近几年来，江西双季稻产量下降，如2018年为1497.90万吨，2019年为1361.40万吨，2020年为1421.00万吨（表6-2）。这应引起有关部门的高度重视。

（三）经济效益降低

仅从经济效益来看，从事第一产业的经济效益不如从事第二、第三产业的经济效益；种植粮食作物的经济效益不如种植经济作物的经济效益，更不如种植花卉、苗木等的经济效益；在粮食作物中，种植水稻的经济效益往往不如种植其他粮食作物（小麦、玉米、薯类或杂粮）的经济效益；而同样是种植水稻，种植双季稻的经济效益又往往不如种植单季稻（中稻或一季晚稻）的经济效益。正因为如此，农民种植双季稻的积极性不高，尽管国家和地方政府出台了一系列鼓励发展双季稻生产的优惠政策，但成效并不如预期那么高、那么显著。

（四）物质投入减少

2015年4月，农业部发布了《农业部关于打好农业面源污染防治攻坚战的实施意见》（农科教发〔2015〕1号）[5]，明确提出“一控两减三基本”的要求，即要求在农业生产过程中，为保护农业生态环境、防治农业面源污染，必须做到：严格控制农业用水总量，把化肥、农药用量减下来，实现畜禽粪便、农作物秸秆、农膜基本资源化利用。江西各地按照这一要求，在粮食生产过程中，尽量做到减少用水、节约用水、高效用水，减少化肥、农药投入量，尽量施用有机肥和实行绿色防控措施来防治病虫草害；同时，对畜禽粪便、农作物秸秆（主要是稻草）和农膜进行资源化利用，取得了明显的成效，有效地优化了江西农业、农田生态环境。但也必须看到，正是按照“一控两减三基本”的要求去做，在粮食生产过程中物质投入量大幅度减少，从而在一定程度上影响了江西粮食生产综合能力的提升，致使江西双季稻产量、稻谷总产量、粮食总产量连续几年出现滑坡现象，这必须引起有关方面的高度关注和重视。

（五）劳动力缺乏

农村从事农业的劳动力越来越“少”（数量）、越来越“老”（年龄）、越来越“弱”（体力、素质），这已是全国各地普遍存在的现象，江西也不例外，并且越来越明显。这正是江西双季稻、南方双季稻播种面积越来越小的重要原因之一。双季稻种植对用工的要求非常高，尤其是农忙“双抢”（抢收早稻、抢插双季晚稻）期间，如果没有大量的、优质的劳动力投入，那么根本不能按时完成“双抢”任务，这就必然导致耽误季节、延误农时，并最终出现多种不多收、多种反而效益低的现象。这会挫伤农民的种田积极性、种粮积极性。

（六）生产基础不扎实

江西农业生产、粮食生产的基础还不够扎实、牢固。尽管近年来江西全省加大了农田基本建设力度，加快了高标准农田建设步伐，并且取得了一定成效，但与“高质量发展”这一要求相比，仍有较大差距。具体表现如下：一是中低产田面积较大，江西约有 2/3 的耕地面积属于中低产田，产量低，潜力大；二是农业基础设施还不完善，有的地方甚至还很薄弱，无法实行大面积全程机械化作业；三是防灾减灾能力较弱，每年由自然灾害造成的农业损失还很严重。

第二节　江西旱粮生产分析

一、旱粮生产概述

旱粮是指除水稻外的粮食作物，包括小麦、大麦、燕麦、粟（小米）、玉米、甘薯、马铃薯、大豆、蚕豆、豌豆、绿豆、豇豆、杂豆、高粱、荞麦等。旱粮是粮食的重要组成部分。与水稻相比，旱粮往往具有以下特点。

（一）营养丰富

中医古籍《黄帝内经》中记载，“五谷为养，五果为助，五畜为益，五菜为充”。旱粮中某些微量元素（如铁、镁、锌、硒）的含量要比细粮（稻谷）多一些。这些微量元素对人体健康的价值是相当大的。旱粮中钾、钙、维生素 E、叶酸、生物类黄酮的含量也比细粮丰富。旱粮含有丰富的营养素。例如，燕麦富含蛋白质；小米富含色氨酸、胡萝卜素；豆类富含优质蛋白；高粱富含脂肪酸及丰富的铁；薯类含胡萝卜素和维生素 C。此外，旱粮还有减肥之功效。例如，玉米含有大量镁，镁可加强肠壁蠕动，促进机体废物的排泄，对于减肥非常有利。旱粮有利于治疗糖尿病，用旱粮代替部分细粮有助于糖尿病患者控制血糖。研究表明，进食旱粮后的血糖变化一般小于进食普通稻米后的血糖变化，减少 24 小时内血糖波动，降低空腹血糖，减少胰岛素分泌，利于糖尿病患者的血糖控制。

（二）分布广泛

水稻只能种植于水田，而旱粮作物既可在水田中种植，如江西水田冬季（冬闲田）可种植小麦、蚕豆、豌豆等，秋季（秋闲田）可种植大豆、玉米、甘薯等；又可在旱地（尤其是江西红壤旱地）中广泛种植，如玉米、绿豆、荞麦等；有的还可在山上幼林、幼果的行间种植，实行林农间作、果农间作、农林复合种植，如柑橘‖大豆、脐橙‖玉米；为充分利用耕地资源，有的旱粮作物还常常种植在田埂（田塍）上，如在稻田田埂上种大豆、玉米等。

（三）种类多样

旱粮作物种类多样，江西各地广泛种植的旱粮作物有20～30种之多[6]，包括小麦、大麦、燕麦、粟（小米）、玉米、甘薯、马铃薯、大豆、蚕豆、豌豆、绿豆、黑豆（乌豇豆）、赤豆（红豆）、杂豆、高粱、荞麦等。这与水田只种植水稻形成明显对比。实际上，每种旱粮作物还有许多品种，特别是具有地方特色的本地种、地方种、当家品种、地方品牌等。可见，多样化是旱粮的显著特色和优势。

（四）种植方式多种

旱粮作物种类多，每种作物又有许多品种（如早熟、中熟、晚熟品种，抗旱、耐旱品种，低产、高产品种，常规、优质品种，抗病害、抗虫害、多抗品种等），由此形成的种植方式更是多种多样、丰富多彩。就同一季节来说，不仅有各种旱粮作物的单作，还有不同旱粮作物共同组成的间作、混作；就上、下季衔接来说，则有接作（平播接茬）、套作、再生作（如再生高粱）；就同一年内的种植方式来说，则不仅有单种（一年内同一块农田里只种植一季作物），还有复种（一年内同一块农田里种植两季或两季以上作物），复种常常是旱粮作物主要的种植方式，不同旱粮作物组成的复种方式数量、种类是非常多的，占旱粮种植方式的绝大多数，居优势地位、主导地位；就不同年份作物构成和种植方式来说，则有旱粮连作（多为复种连作）和轮作（多为复种轮作），江西旱粮的复种连作方式、复种轮作方式都很多、很普遍。总之，江西旱粮种植方式的种类、类型均多于水稻种植方式的种类、类型。

二、江西旱粮播种面积

从江西旱粮播种面积来看，1949年只有37.98万公顷，1956年突破100万公顷，1956年、1957年、1958年3年分别达到100.08万公顷、101.76万公顷和101.31万公顷。之后，江西旱粮播种面积总体呈现下降趋势，2011年降至26.84万公顷，达到历史最低水平，2020年也只有33.06万公顷。

从江西旱粮播种面积占全省粮食总播种面积比重来看，1949 年只占 14.42%，1955 年、1957 年分别为 25.71%（历史最高水平）和 25.70%，即此时旱粮播种面积占全省粮食总播种面积的 1/4 以上。之后，江西旱粮播种面积所占比重总体呈现下降趋势，2015 年降至 7.17%，居历史最低点。2019 年和 2020 年已恢复至 8.70%和 8.76%。

1949～2020 年江西旱粮播种面积及占全省粮食总播种面积比重如表 6-4 所示。

表 6-4　1949～2020 年江西旱粮播种面积及占全省粮食总播种面积比重

年份	江西粮食总播种面积/万公顷	江西水稻播种面积/万公顷	江西旱粮播种面积/万公顷	江西旱粮播种面积占全省粮食总播种面积比重/%
1949	263.37	225.39	37.98	14.42
1950	271.83	228.28	43.55	16.02
1951	277.26	224.81	52.45	18.92
1952	334.09	264.12	69.97	20.94
1953	347.40	268.31	79.09	22.77
1954	357.01	268.46	88.55	24.80
1955	371.60	276.06	95.54	25.71
1956	400.48	300.40	100.08	24.99
1957	396.00	294.24	101.76	25.70
1958	409.89	308.58	101.31	24.72
1959	384.21	289.52	94.69	24.65
1960	392.42	306.05	86.37	22.01
1961	387.47	298.65	88.82	22.92
1962	377.99	291.14	86.85	22.98
1963	378.73	293.14	85.59	22.60
1964	388.63	310.99	77.64	19.98
1965	389.34	321.59	67.75	17.40
1966	386.31	324.14	62.17	16.09
1967	375.57	319.81	55.76	14.85
1968	370.83	316.86	53.97	14.55
1969	381.12	328.27	52.85	13.87
1970	387.11	332.69	54.42	14.06
1971	402.36	336.47	65.89	16.38
1972	390.49	329.70	60.79	15.57
1973	369.55	335.78	33.77	9.14
1974	387.92	337.37	50.55	13.03
1975	387.13	339.25	47.88	12.37
1976	382.35	337.41	44.94	11.75
1977	388.29	343.99	44.30	11.41

续表

年份	江西粮食总播种面积/万公顷	江西水稻播种面积/万公顷	江西旱粮播种面积/万公顷	江西旱粮播种面积占全省粮食总播种面积比重/%
1978	382.08	338.03	44.05	11.53
1979	384.40	338.68	45.72	11.89
1980	377.53	338.37	39.16	10.37
1981	375.83	336.27	39.56	10.53
1982	374.39	333.95	40.44	10.80
1983	371.41	332.37	39.04	10.51
1984	371.41	332.69	38.72	10.43
1985	365.09	326.49	38.60	10.57
1986	362.98	325.07	37.91	10.44
1987	364.79	326.87	37.92	10.40
1988	358.87	321.05	37.82	10.54
1989	369.39	329.77	39.62	10.73
1990	370.09	328.66	41.43	11.19
1991	358.97	314.61	44.36	12.36
1992	344.62	298.15	46.47	13.48
1993	336.01	286.51	49.50	14.73
1994	343.44	293.95	49.49	14.41
1995	351.00	301.94	49.06	13.98
1996	357.06	305.54	51.52	14.43
1997	358.65	308.74	49.91	13.92
1998	342.11	303.46	38.65	11.30
1999	354.82	305.00	49.82	14.04
2000	332.20	283.20	49.00	14.75
2001	326.52	280.83	45.69	13.99
2002	318.80	278.67	40.13	12.59
2003	305.11	268.53	36.58	11.99
2004	342.54	309.59	32.95	9.62
2005	351.90	318.77	33.13	9.41
2006	354.71	327.11	27.60	7.78
2007	353.67	324.56	29.11	8.23
2008	360.13	331.31	28.82	8.00
2009	363.97	334.42	29.55	8.12
2010	368.64	341.04	27.60	7.49
2011	370.97	344.13	26.84	7.24
2012	374.78	347.65	27.13	7.24
2013	377.53	350.19	27.34	7.24
2014	379.41	352.26	27.27	7.19

续表

年份	江西粮食总播种面积/万公顷	江西水稻播种面积/万公顷	江西旱粮播种面积/万公顷	江西旱粮播种面积占全省粮食总播种面积比重/%
2015	381.49	354.13	27.36	7.17
2016	380.72	352.71	28.01	7.36
2017	378.63	350.47	28.16	7.44
2018	372.13	343.62	28.51	7.66
2019	366.51	334.62	31.89	8.70
2020	377.24	344.18	33.06	8.76

资料来源：《新中国农业 60 年统计资料》[1]、《中国统计年鉴 2021》[2]、《江西统计年鉴 2021》[3]等。

三、江西旱粮产量

从江西旱粮产量来看，1949 年只有 25.83 万吨，1994 年突破 100 万吨，为 100.67 万吨；2015 年、2016 年突破 200 万吨，分别达到 208.41 万吨和 221.50 万吨（历史最高水平）。2019 年、2020 年，江西旱粮产量只有 109.15 万吨和 112.68 万吨，但比 1949 年分别增加了 3.23 倍和 3.36 倍。

从江西旱粮产量占全省粮食总产量比重来看，1949 年只占 6.66%；1958 年为 11.07%，达到历史最高水平；1986 年降至 3.23%，达到历史最低水平。2019 年、2020 年，江西旱粮产量占全省粮食总产量比重为 5.06%、5.21%，与历史最高水平相差甚远，亟待采取措施恢复、提升。

1949～2020 年江西旱粮产量及占全省粮食总产量比重如表 6-5 所示。

表 6-5　1949～2020 年江西旱粮产量及占全省粮食总产量比重

年份	江西粮食总产量/万吨	江西稻谷产量/万吨	江西旱粮产量/万吨	江西旱粮产量占全省粮食总产量比重/%
1949	387.65	361.72	25.83	6.66
1950	449.06	419.31	29.75	6.62
1951	428.38	393.36	35.02	8.17
1952	575.07	525.81	49.26	8.57
1953	575.80	521.44	54.36	9.44
1954	575.14	521.13	54.01	9.39
1955	626.64	570.57	56.07	8.95
1956	648.57	583.52	65.05	10.03
1957	654.63	583.25	71.38	10.90
1958	662.40	589.09	73.31	11.07
1959	627.16	559.06	68.10	10.86
1960	606.33	551.49	54.84	9.04

续表

年份	江西粮食总产量/万吨	江西稻谷产量/万吨	江西旱粮产量/万吨	江西旱粮产量占全省粮食总产量比重/%
1961	610.03	556.71	52.32	8.58
1962	603.54	539.65	63.89	10.59
1963	637.77	570.84	66.93	10.49
1964	700.43	643.08	57.35	8.19
1965	802.37	740.87	61.50	7.66
1966	805.38	763.95	41.43	5.14
1967	768.98	726.33	42.65	5.55
1968	829.63	777.05	52.58	6.34
1969	866.19	809.67	56.52	6.53
1970	985.55	929.86	55.69	5.65
1971	994.70	930.92	63.78	6.41
1972	995.00	927.02	67.98	6.83
1973	941.97	885.66	56.31	5.98
1974	986.38	932.64	53.74	5.45
1975	1 056.79	1 002.00	54.79	5.18
1976	1 025.00	976.22	48.78	4.76
1977	1 089.00	1 039.98	49.02	4.50
1978	1 125.74	1 079.36	46.38	4.12
1979	1 296.50	1 234.79	61.71	4.76
1980	1 240.04	1 188.24	51.80	4.18
1981	1 268.71	1 216.31	52.40	4.13
1982	1 408.74	1 346.73	62.01	4.40
1983	1 460.45	1 407.82	52.63	3.60
1984	1 549.18	1 492.67	56.51	3.65
1985	1 533.54	1 475.82	57.72	3.76
1986	1 453.77	1 406.84	46.93	3.23
1987	1 562.77	1 509.00	53.77	3.44
1988	1 535.43	1 483.39	52.04	3.39
1989	1 589.62	1 529.56	60.06	3.78
1990	1 658.20	1 587.70	70.50	4.25
1991	1 625.70	1 549.10	76.60	4.71
1992	1 566.00	1 473.60	92.40	5.90
1993	1 517.10	1 420.56	96.54	6.36
1994	1 603.50	1 502.83	100.67	6.28
1995	1 607.40	1 498.25	109.15	6.79
1996	1 766.30	1 655.11	111.19	6.30
1997	1 767.70	1 651.99	115.71	6.55

续表

年份	江西粮食总产量/万吨	江西稻谷产量/万吨	江西旱粮产量/万吨	江西旱粮产量占全省粮食总产量比重/%
1998	1 555.50	1 445.11	110.39	7.10
1999	1 732.70	1 619.34	113.36	6.54
2000	1 614.60	1 491.90	122.70	7.60
2001	1 600.00	1 491.44	108.56	6.79
2002	1 549.50	1 451.60	97.90	6.32
2003	1 450.30	1 360.54	89.76	6.19
2004	1 803.40	1 711.90	91.50	5.07
2005	1 853.86	1 769.74	84.12	4.54
2006	1 896.52	1 832.56	63.96	3.37
2007	1 912.41	1 813.90	98.51	5.15
2008	1 975.43	1 862.10	113.33	5.74
2009	2 029.24	1 905.90	123.34	6.08
2010	1 989.45	1 858.30	131.15	6.59
2011	2 098.52	1 950.10	148.42	7.07
2012	2 140.64	1 976.00	164.64	7.69
2013	2 182.37	2 004.00	178.37	8.17
2014	2 220.39	2 025.20	195.19	8.79
2015	2 235.61	2 027.20	208.41	9.32
2016	2 234.10	2 012.60	221.50	9.91
2017	2 221.73	2 126.15	95.58	4.30
2018	2 190.70	2 092.50	98.20	4.48
2019	2 157.45	2 048.30	109.15	5.06
2020	2 163.88	2 051.20	112.68	5.21

资料来源：《新中国农业 60 年统计资料》[1]、《中国统计年鉴 2021》[2]、《江西统计年鉴 2021》[3]等。

四、江西旱粮生产存在的问题

近些年来，作者对江西旱粮生产进行了调查分析，认为当前江西各地旱粮生产在一定程度上存在“四低”（投入低、产量低、经济效益低、资源利用率低）的问题。

（一）投入低

与水田、水稻相比，各地在旱地、旱粮上的投入非常低。一是物质投入低。在旱粮生产过程中，真正投入的化肥、有机肥、农药、农膜等数量要远远低于种植水稻投入的数量，旱粮单位面积物质投入量仅相当于水稻的 1/4～1/3，即种植同样面积的水稻，其物质投入量是旱粮的 3～4 倍。二是人工投入低。旱粮作物种类多、间套复种方式多，管理起来比较费工、费时，需要精耕细作、精细管理，方能获得好的收成。但当前农村劳动力缺乏，并且对旱粮的重视程度不如水稻，因此，江西多数地区种植旱粮走的是“粗放经营”之路。有的农户认为，种植旱粮“有就收，无就丢”“靠天吃饭”。也就是说，年成好，雨水充足，风调雨顺，旱粮丰收；年成不好，干旱缺水，旱粮就减产、失收。三是科技投入低。与水稻科技投入相比，旱粮科技投入非常低、非常薄弱。从国家、江西及江西各地区的旱粮科研项目（课题）、科技研发平台、科技奖励及专业科技人才来看，江西旱粮科技投入达不到水稻科技投入的1/3。

（二）产量低

一是旱粮单产低。2020年，江西旱粮平均单产为3408.35千克/公顷，而全省水稻平均单产为5959.60千克/公顷，江西旱粮平均单产只相当于全省水稻平均单产的57.19%。二是旱粮总产量低。2020年，江西旱粮总产量为112.68万吨，全省稻谷总产量为2051.20万吨，江西旱粮总产量只相当于全省稻谷总产量的5.5%。三是旱粮总产量占比小。如表6-5所示，2020年江西旱粮总产量只占全省粮食总产量的5.21%；而2020年江西稻谷总产量却占全省粮食总产量的94.79%[3]。

（三）经济效益低

根据近年来的调查，江西旱粮生产的经济效益比种植水稻要低，旱粮经济效益一般仅相当于水稻的1/3左右。一是旱粮单产低（不到水稻的3/5），价格不高，因而其经济效益必然较低。二是旱粮生产条件往往不如水稻，尤其是当水旱灾害、病虫草害等发生频率高时，会直接影响旱粮收成，从而影响经济效益，轻则因灾减产减收，重则造成颗粒无收，这也是旱粮生产收入不高、不稳和起伏波动的重要原因。三是种植水稻、生产稻谷，国家有支持、保护政策，有最低收购价，有种粮（稻）补贴；而种植旱粮作物的支持、保护政策，要么根本没有，要么远不如水稻“多”“高”“快”，这是影响江西各地旱粮发展的重要原因之一。四是旱粮产后加工没有及时跟上，在一定程度上影响了旱粮生产整体经济效益的提升。

（四）资源利用率低

与水稻生产相比，旱粮生产的资源利用率较低。一是耕地利用率低。在江西旱粮生产过程中，耕地（主要是旱地）不但复种面积小、熟制少、复种指数低，而且每年存在相当面积的休闲田、撂荒田（包括季节性休闲田、全年撂荒田，甚至多年撂荒田），这对耕地资源是极大的浪费。二是水资源利用率低。江西旱粮作物（如玉米、大豆、高粱等）多种植在红壤旱地上，并且大多不具备灌溉条件，依靠天然降水生长发育。这样就很容易造成“水多”（上半年降雨多）时水土流失、水资源成害（洪涝灾害），“水少”（下半年降雨少）时缺水干旱、旱灾严重。三是肥料资源利用率低。江西旱地，尤其是红壤旱地，本来就存在“瘦”的问题（有机质缺乏、土壤肥力低、土壤质量差），再加上江西降水存在季节分布不均（上半年暴雨成灾，下半年少雨干旱）的问题，这对在旱粮生产过程中提高肥料资源利用率造成不利影响，或者说，直接导致肥料资源利用率降低。上半年暴雨成灾，不可避免地造成旱粮生产过程中的水土流失、养分丧失；下半年少雨干旱（尤其是伏秋干旱），造成肥料挥发缺失，以及作物根系因土壤干旱缺水而无法正常吸收利用土壤中的养分资源。肥料资源的“流失”“缺失”都将导致肥料资源利用率下降。

第三节　江西优质粮生产分析

一、优质粮生产概述

1992 年 9 月 25 日，国务院发布《国务院关于发展高产优质高效农业的决定》（简称《决定》）[7]，标志着我国农业由“增量农业”（只注重产量增长）向“优质农业”（不仅注重产量增长，还注重质量、效益提升）迈进。粮食生产作为整个农业生产的重要组成部分，也随之向着优质粮生产的方向发展。江西作为我国南方重要农业省份之一，和全国各地一样，按照国务院《决定》的要求，全力推动优质农业发展和优质粮生产，并且不断取得进展和成效。

二、优质稻品种、特征及推广应用

推广应用粮食作物的优质品质，是推动优质粮生产、优质农业发展的重要途径和具体抓手。水稻是江西粮食生产的主体作物，水稻品种的优质化可直接反映江西粮食生产的优质化。基于此，以下着重介绍江西优质稻品种、特征及推广应用。

20 世纪 90 年代初，江西重点推广的优质稻品种如下：①‘赣早籼 15 号’‘晚籼 4015’，于 1990 年、1991 年分别获得江西省科技进步奖二等奖、三等奖；②‘赣优晚’‘赣晚籼 19 号（9194）’‘赣香糯’‘江西丝苗香稻’，这些优质稻品种于 1992 年在首届中国农业博览会上分别获得金、银、铜牌奖。这些品种在 1992 年的播种面积超过 20 万公顷，单产均达到 5.25～6 吨/公顷[8]。

“九五”期间（1996～2000 年），江西育成的优质稻品种‘赣晚籼 30 号（923）’替代了 20 世纪 90 年代江西当家优质稻品种‘赣晚籼 19 号（9194）’，其品质可与泰国米相媲美，产量也非常相近[9]。

“十五”期间（2001～2005 年），江西育成了优质晚籼稻品种‘赣晚籼 36 号（99-15）’和‘赣晚籼 32 号（9940）’，其品质分别达到国际Ⅰ级和国际Ⅱ级，产量分别比当地传统品种产量增产 8.37%和 8.97%，集优、丰、抗于一体；另外，育成的优质晚籼稻品种‘赣晚籼 37 号（926）’的产量一般可达 7.50～8.25 吨/公顷，品质达到国际Ⅲ级，成为江西新一代晚籼优质稻主栽品种[9]。

据统计，2003～2011 年，江西共审定了 403 个水稻品种（不育系除外），其中优质稻品种有 147 个[10]，包括三系优质稻品种 109 个、两系优质稻品种 27 个、常规优质稻品种 11 个。2011 年审定的‘深两优 9152’等 6 个杂交优质稻的米质均达到国际Ⅲ级及以上水平。从产量来看，2011 年审定的优质稻品种‘两优 038’，其区试产量高达 8.55 吨/公顷[10]。

2018 年，江西重点推广的优质稻品种有‘外引七号’‘赣晚籼 37 号（926）’‘吉安软粘’等，单产可达 7.82～8.44 吨/公顷[11]。

自 2019 年开始，江西上高、吉安、赣州等地示范推广优质晚籼稻品种‘泰优 398’‘美香占 2 号’‘万象优华占’‘野香优 2 号’‘泰优 871’等，单产可达 6.83～9.71 吨/公顷[12]。

2012～2021 年，江西审定了 721 个主要农作物品种，其中粮食作物中优质稻品种有 558 个[13]，为江西粮食增产和粮食安全提供了重要良种支撑。

近年来，江西育成的‘万象优 982’‘野香优巴丝’等多个优质稻品种，获全国和江西省优质稻品种食味品质鉴评金奖[14]，为实现全省质量兴农、保障粮食安全和支撑农业供给侧结构性改革做出了重要贡献。

三、江西优质粮生产存在的问题

当前，江西优质粮生产存在以下几个问题。一是优质品种少。在江西各地，无论是水稻，还是旱粮作物，都存在优质品种少的问题。这需要在今后粮食生产发展过程中予以高度重视，采取一切措施加快粮食优质品种的研发和推广。二是优质品种种植比例低。优质品种少导致江西优质品种种植的比例较低。例如，2018 年江西优质稻种植比例只有 18.3%，而湖南优质稻种植比例达到 70.3%，后者高出前者 52 个百分点[11]。三是优质品种播种面积小。尽管江西每年能育成多个优质稻品种，但推广面积不大，都没有形成“气候”，这也是优质稻品种“增收”优势和“增效”潜力发挥不出来、显现不出来的一个重要原因。

第四节　江西粮食生产存在的问题

一方面，自 1949 年以来，就江西粮食生产总体而言，取得的成就是巨大的，为国家粮食安全做出的贡献是有目共睹的；另一方面，也必须看到，与当前全国高质量发展的形势与要求相比，江西粮食生产还存在诸多问题，亟待研究解决。

近年来，作者对江西粮食生产状况进行了实地典型调查，并查阅了大量相关文献资料，认为当前及今后一段时期内，江西粮食生产不同程度地存在着以下 10 个方面的问题。

一、面积缩减

1956 年，江西粮食播种面积达到 400.48 万公顷，1958 年达到 409.89 万公顷，1971 年达到 402.36 万公顷。进入 20 世纪 80 年代以后，江西粮食播种面积总体呈现下降趋势，2003 年全省粮食播种面积降至 305.11 万公顷。随后江西粮食播种面积有恢复性的提高，2008 年为 360.13 万公顷，2015 年为 381.49 万公顷，2020 年为 377.24 万公顷，2021 年为 377.28 万公顷，均未达到历史最高水平。

造成江西粮食播种面积缩减的重要原因有两个。一是耕地面积减少，尤其是良田面积大量减少。改革开放以来，特别是进入 21 世纪后，江西与全国各地一样，工业化、城市化、城镇化速度日益加快，建房、修路、架桥、开矿、扩厂，以及建设工业园区和城市新区等，占用了大量耕地（特别是良田）。2013 年江西耕地面积为 308.73 万公顷，2019 年江西耕地面积只有 272.16 万公顷，比 2013 年减少 36.57 万公顷，降低了 11.85%。二是粮食作物复种指数下降，双季稻改单季稻（详见下述）。

二、复种下降

就农作物总的复种指数来看，根据《新中国农业 60 年统计资料》《中国统计年鉴》《江西统计年鉴》等的数据计算可得，2008 年江西耕地复种指数为 217.46%，粮食作物的复种指数为 126.56%，均比 20 世纪 80～90 年代平均下降 30～50 个百分点。各地耕地复种指数下降的明显现象是：稻田三熟制变成两熟制，双季稻变成单季稻（一季稻），冬闲田、秋闲田增多，有的农田全年撂荒，等等。这是对耕地资源的极大浪费。据作者考察，在江西冬季农田中，约有 2/3 的农田休闲、荒芜。

2019 年，江西农作物总播种面积为 552.12 万公顷，耕地复种指数为 202.87%，比历史最高年份 1992 年的耕地复种指数（249.40%）低 46.53 个百分点。

三、单产不高

2008 年，江西粮食平均单产为 5473 千克/公顷，比南方诸省（市）——上海（6628 千克/公顷）、江苏（6029 千克/公顷）、浙江（6099 千克/公顷）、湖南（6113 千克/公顷）、湖北（5701 千克/公顷）分别低 1155 千克/公顷、556 千克/公顷、

626千克/公顷、640千克/公顷、228千克/公顷。2020年，江西谷物（包括稻谷、小麦、玉米）平均单产为5915千克/公顷，比南方诸省（市）——上海（8033千克/公顷）、江苏（7127千克/公顷）、浙江（6665千克/公顷）、湖南（6508千克/公顷）、湖北（6329千克/公顷）分别低2118千克/公顷、1212千克/公顷、750千克/公顷、593千克/公顷、414千克/公顷。就粮食生产的自然条件而言，江西发展粮食生产具有得天独厚的优势，光、热、水等条件不但不亚于南方诸省（市），而且某些方面具有明显的优势。可见，尽管江西粮食单产目前不高或偏低，但发展潜力巨大。

四、总产徘徊

自1949年以来，江西粮食总产（即总产量）由387.65万吨（1949年）增加到2020年的2163.88万吨，增长4.58倍。近几年来，国家采取了一系列强农、惠农、支农的政策，对粮食生产给予鼓励和补贴，但粮食总产快速增长的势头并未出现。相反，由于自然灾害和人为原因等，粮食总产在一定程度上出现停滞、徘徊甚至滑坡的趋势。2009年全省粮食总产达到2029.24万吨，首次突破2000万吨大关，而到了2010年则降至2000万吨以下（1989.45万吨）。目前江西粮食总产仍在徘徊，这一现象必须引起有关方面的重视。

五、品质不优

自1949年以来，特别是改革开放40多年来，我国农产品品质不断改善，粮食也由单纯追求数量（即高产）向着重视质量（即优质）的方向发展。与全国各地一样，为适应农业发展的新形势和满足人们日益增长的物质需求，江西积极推进粮食优质化。先后推广的粮食优质品种有：水稻优质品种，如‘1290S/优丰稻’‘中优974（国丰4号）’‘金优F6’‘中优402’‘香两优68’‘两优培九’‘金优207’‘赣晚籼30号（923）’‘国丰一号（中优838）’等[9-10]；玉米优质品种，如‘农大3138’‘农大108’‘苏玉（糯）’；甘薯优质品种，如‘金山1255’‘渝苏303’；等等[6]。

尽管如此，仍不容否定，江西粮食仍然存在品质不优的问题。

（1）随着经济社会的不断发展和人们生活水平的日益提高，人们对粮食的质量、品质要求随之提高，即原先所谓的“优质粮食”，过不了多久就变成“不优”了。

（2）各地大量施用化肥、农药等化学制品，造成农产品污染问题越来越突出，使农产品（特别是粮食）中含有大量的有毒、有害物质，并达到了“污染”的程度。据调查，赣州大余“三废”（废气、废水废液、废渣）污染土壤十分严重，排放出大量的镉、铅等重金属，直接污染农田面积达5498.73公顷，占该县耕地总面积的44.1%[15]。这个县的水稻因矿毒而发生“坐蔸”，平均每亩损失稻谷

71.5 千克，每年损失稻谷 591 万千克；全县因食用“镉米”“镉水”而遭受毒害的人口达 10 多万人。江西贵溪冶炼厂曾经因为废渣处理不当，使附近的耕地遭受不同程度的重金属污染，有的地方土壤中铬含量超标 30 倍，造成当地水稻减产甚至土壤沙化，由污染形成的“铬米”严重影响当地居民的身体健康。据有关资料显示，江西每年因土壤重金属污染而减产粮食 80 多万吨，另外直接被重金属污染的粮食也多达 10 万吨，二者合计造成年经济损失至少达 2 亿元[16]。可见，土壤重金属污染造成的粮食品质问题及由此造成的经济损失是非常严重的。

（3）过施、滥施和不合理施用化学制品及由此造成的农田环境污染，严重影响着江西绿色农产品、有机农产品的生产。据统计，在江西现有的绿色农产品、有机农产品种类中，“绿色粮食”（如绿色稻米）、“有机粮食”（如有机稻米）种类很少，所占份额也很低。

六、效益不佳

近年来，国家出台了一系列强农、惠农政策，如免征农业税、发放种粮补贴、以保护价敞开收购粮食等，对稳定和发展江西粮食生产，促进全省农业又好又快发展起到了重要的历史性作用。同时要看到，尽管国家对粮食生产的支持、扶持力度不断加大，但种植粮食的经济效益仍然不高，粮农增收速度仍然缓慢。

（1）农资价格快速上涨，种粮成本急剧上升。农资价格快速上涨是粮农反映的最突出的问题。根据江西省农调队对宜春丰城的调查（2008～2009 年）显示，尿素价格同比上涨 26.3%，磷肥价格同比上涨 50%，复合肥价格同比上涨 60%，氯化钾价格同比上涨 79.7%，单季化肥成本每亩增加 43.6 元；种子、薄膜成本每亩增加 20 元，2009 年种水稻单季亩平均成本比 2008 年增加 63.6 元，双季将增加 130 元；人工成本每亩增加 10～15 元；农机费平均每亩增加 60 元左右。合计起来，2009 年种粮每亩成本比 2008 年增加 200 元左右[17]。生产成本的急剧上涨，直接导致农民的种粮收益下降，粮农的种粮积极性被挫伤。十多年过去了，目前种粮生产成本远比 10 年前要高。“种粮不赚钱”“种稻（主要指双季稻）要亏本”已不是新鲜事，在江西很多地方都能听到、见到。

（2）粮食生产效益比较低，农民种粮积极性不高。目前，江西农民种植 1 亩水稻（双季）的收益只有 200 元左右，远低于种植经济作物、进行养殖培育和外出打工的收益[18]。宜春一些粮农已经改种花生、甘薯等经济作物，部分地方大面积种植经济作物已成趋势。据乡村干部反映，目前农民在家种粮，绝不是因为种粮有利可图，一部分人是由于年龄大了无法外出打工，而更多的人是出于多年种粮习惯及“保口粮”的想法而留家种粮。因此农村中青年劳动力多选择外出打工，基本是由 50 岁以上的人种田。农村劳动力短缺使农村的工价上涨，2009 年在农村雇用一个短工，每天工价已在60元以上，加上提供饭和烟等，每天工价为70～80元甚至上百元，比2004年提高了1倍。目前，在农忙季节雇用一个短工，每天工价至少200元，有的甚至达到250～300元[19]。

（3）粮食产后加工转化不及时（速度慢）、不得力（能力弱），或者“粗加工”“低层次转化”等。这均会对江西粮食生产效益产生不利影响，从而直接影响农民种粮积极性。

七、投入不当

在粮食生产中，适当增加投入，对于增加产出、提高粮食产量具有重要作用。一般而言，粮食生产是“低投入，低产出”“高投入，高产出”的，但如果投入过多、投入不合理，则往往适得其反，容易产生负面作用和不利影响，不仅影响粮食产量，还危害粮食品质、降低质量，甚至会因污染而产生粮食安全、食物安全方面的问题。因此，合理投入对粮食生产甚至农业发展至关重要。

当前，江西粮食生产不同程度地存在投入不当的问题，对江西粮食生产的可持续发展产生不利影响，突出表现为“四多四少”。

（1）化肥投入多，有机肥投入少。1949年，江西农业生产过程中没有施用化肥，真正施用化肥是从1952年开始的。根据《新中国农业60年统计资料》可知，1952年江西农业化肥施用量只有0.40万吨（实物量）和0.09万吨（折纯量），2009年江西农业化肥施用量达到410.1万吨（实物量）和135.8万吨（折纯量），分别是1952年的1025倍和1509倍。相反，在江西农业生产过程中，有机肥的施用量则越来越少，甚至有的地方出现“种田不施用有机肥”的现象。近年来，各地按照党中央、国务院提出的“绿色发展”“绿色转型”要求，化肥等投入品的数量有所减少，但投入不科学、利用率不高、资源流失（如水土流失）的问题依然严重。

（2）大量元素肥多，微量元素肥少。在生产中，氮肥、磷肥的施用量多，而一些微量元素肥（如硼肥、钼肥、硅肥等）的施用量偏少，不能满足作物生长发育的需要和农业生产发展的要求，甚至影响粮食及其他农产品的产量和品质。

（3）农药施用多，生态减灾少。目前，农民在种田、种粮过程中，只要发现农作物病虫害，就使用农药，农药用量大幅增加。2009年，江西农业生产过程中总共喷洒农药9.7593万吨，比1990年（3.6482万吨）增加6.1111万吨，净增1.68倍。近年来，农药使用量有所减少，但农药浪费、农药污染问题仍不能忽视。

（4）粗放耕作多，精耕细作少。现在，江西各地进行农业生产多是种“懒人田”，投工投劳少，耕作极其粗放，精耕细作在大田农业生产中已很难见到了。

八、环境变劣

江西粮食生产的农田生态环境变劣的趋势越来越明显。一是粮田（种植粮食作物的优质农田）被占用。2010 年 10 月 22 日，作者到九江考察粮食生产情况，发现该地因正在修建高速公路或高速铁路而将成片稻田毁坏，实在可惜。二是农田被污染。2010 年 8 月 22～27 日和 9 月 26～30 日，作者分别到 18 个县（市、区）（赣县、上犹、崇义、大余、信丰、龙南、全南、定南、安远、寻乌、于都、兴国、会昌、石城、宁都、南康、瑞金、章贡）实地考察，发现因建设工业开发区和进行矿山开采（挖矿、采矿）而导致大量污染物质和“三废”排入农田（稻田），给粮食生产带来极大危害。三是水系被破坏。2008～2010 年，作者多次到江西余江春涛乡高岭村调查，由于修建高速公路，不但该村大片耕地、山地被占用，而且原有水利设施基本被毁，水管被毁坏，“水路”被阻断，农田水利设施已遭受毁灭性破坏，给粮食生产和农业可持续发展带来严重影响。

近年来，随着绿色发展形势的发展和生态文明建设步伐的加快，江西农业生态环境总体向好的方向转变，粮食生产的农田生态环境状况也出现了一些转机，但要做到高质量发展、进行绿色有机农产品生产，还需要做出长期努力。

九、基础脆弱

（1）农田土壤基础脆弱。因长期以来过多地强调“用地”而在一定程度上忽视“养地”，造成土壤质量“变劣”，农田（特别是稻田）土壤中有毒、有害的污染物质增多，土壤肥力下降，土壤酸化严重，中低产田面积增大，农田土壤持续保持高产高效的基础十分脆弱。或者说，在当前江西农田土壤条件下，实现粮食作物“高产、优质、高效、生态、安全”已越来越困难了。

（2）水利设施基础脆弱。农田水利设施陈旧、老化，农业基础十分脆弱，这已成为江西粮食生产的制约因子。江西现有的农田水利基础设施绝大部分是 20 世纪 50～70 年代建设的，标准低加上年久失修，小农水（小型农田水利工程）设施损毁严重。现在小农水的建设和维护既难筹集资金，也难组织劳力。由于小农水不能发挥正常功能且中低产田的面积较大（目前江西全省中低产田的面积约占全部农田面积的 2/3），按目前的投入计算，将现有陈旧、老化的农田水利设施改造完，还需要 20 年时间。农业生产抵御自然灾害的能力很弱，粮食生产存在隐患。

（3）防灾减灾能力脆弱。目前，江西有相当部分粮田（稻田）不同程度地存在“大雨大灾，小雨小灾，无雨旱灾”的现象，这说明江西粮食生产的防灾减灾能力相当脆弱，亟待提高。

十、灾害严重

从 1949 年至今的 70 多年里，江西农业生产中遭受的自然灾害总体呈现有增无减的发展态势，具体表现在如下几个方面。

（一）灾种多

江西粮食生产常常遭受多种自然灾害。就稻谷生产而言，水稻（包括早稻、中稻和晚稻）从种植到收获，不仅受低温冷害、洪涝灾害、高温热害、干旱、寒露风、大风、冰雹等多种气象灾害的危害，还要遭受病害、虫害、草害、鼠害、鸟害、兽害等。近一二十年来，在江西粮食生产中，生态环境灾害有愈演愈烈之势。在生态环境灾害中，对粮食生产造成危害的灾种主要有生态破坏、水土流失、环境污染（包括大气污染、水体污染、土壤污染，特别是土壤重金属污染等）、滑坡、泥石流等。

（二）灾面广

据作者在《江西农业灾害规律》[20]中的研究可知，以洪涝灾害为例，一般年份全省洪涝灾害面积为 50 万～60 万公顷，重灾年份可达 100 万～150 万公顷，广泛分布于全省各地，并且“年年有灾、处处有灾”，只是大小不一、发生地区不同而已。

（三）成灾率高

据作者研究，江西农业灾害成灾率高，如水、旱灾害的成灾率一般为 50%～60%，最高的可达 70%，即所谓的水灾为“三年两灾”、旱灾为“五年三旱”。

（四）造成的损失大

根据多年资料统计，江西每年因洪涝灾害造成的粮食损失数量为粮食总产量的 18%左右；因干旱造成的粮食损失数量为粮食总产量的 6%；由病虫害造成的粮食损失数量为粮食总产量的 1%～2%。例如，2010 年春、夏季，江西遭受了特大洪涝灾害，仅赣东北的余江就有 2.33 多万公顷的农作物受灾，其中粮食作物受灾面积为 1.88 万公顷；农作物绝收面积为 0.96 万公顷，其中粮食作物绝收面积为 0.76 万公顷；因灾造成粮食减产数量为 10 万余吨，直接经济损失为 2 亿元；经济作物直接经济损失为 1.79 亿元；水产养殖业直接经济损失为 1.48 亿元；畜牧业直接经济损失为 1.08 亿元；冲毁化肥、农药、鱼料、猪饲料、种子等累计直接经济损失为 0.96 亿元。此次洪涝灾害造成余江农业累计损失达 9.97 亿元[21]。2020 年，江西农业自然灾害造成的直接经济损失达到 355.3 亿元，占全国总损失量的 9.6%，具体如表 6-6 所示。

表 6-6　2020 年江西农业自然灾害及其造成损失情况

地区	农作物受灾面积合计/万公顷		旱灾/万公顷		洪涝、地质灾害和台风/万公顷		风雹灾害/万公顷		低温冷害和雪灾/万公顷		人口受灾		直接经济损失/亿元
	受灾	绝收	受灾	绝收	受灾	绝收	受灾	绝收	受灾	绝收	受灾/万人次	死亡、失踪/人	
江西	94.32	20.69	0.43	0.03	90.20	20.27	2.82	0.17	0.87	0.22	954.7	13	355.3
全国	1 995.76	270.60	508.10	70.45	1 105.96	149.80	276.52	29.08	105.18	21.27	13 829.7	591	3 701.5
江西占全国比重/%	4.73	7.65	0.08	0.04	8.16	13.53	1.02	0.58	0.83	1.03	6.90	2.20	9.60

资料来源：《中国统计年鉴 2021》[2]。

参 考 文 献

[1] 中华人民共和国农业部．新中国农业 60 年统计资料[M]．北京：中国农业出版社，2009.

[2] 国家统计局．中国统计年鉴 2021[M]．北京：中国统计出版社，2021.

[3] 江西省统计局，国家统计局江西调查总队．江西统计年鉴 2021[M]．北京：中国统计出版社，2021.

[4] 中国农业年鉴编辑委员会．中国农业年鉴 2020[M]．北京：中国农业出版社，2021.

[5] 农业部．农业部关于打好农业面源污染防治攻坚战的实施意见[J]．中华人民共和国农业部公报，2015（5）：8-12.

[6] 黄国勤．江西农业[M]．北京：新华出版社，2000.

[7] 国务院．国务院关于发展高产优质高效农业的决定（一九九二年九月二十五日）[J]．中华人民共和国国务院公报，1992（25）：993-999.

[8] 刘勋，李庭水．优化农村产业结构、发展“三高”农业 促进农林经济更好更快地登上新台阶[J]．江西农业科技，1993（1）：1-6.

[9] 陈大洲，沈显华，肖叶青，等．江西食用晚籼优质稻育种再上新水平的思考[J]．江西农业学报，2008，20（2）：9-10.

[10] 李云，周卫营，阴云伙，等．2003～2011 年江西省审定水稻品种分析[J]．江西农业学报，2012，24（2）：15-18.

[11] 赵正洪，戴力，黄见良，等．长江中游稻区水稻产业发展现状、问题与建议[J]．中国水稻科学，2019，33（6）：553-564.

[12] 刘梦洁，杨怡欣，陈乐，等．江西不同生态区优质晚籼稻产量、品质变化特征[J]．中国稻米，2022，28（2）：60-65.

[13] 莫志超．赣鄱粮丰大跨越[N]．农民日报，2022-07-26（1）.

[14] 贺晓鹏，边建民，欧阳林娟，等．江西省水稻种业创新发展对策建议[J]．江西农业大学学报，2021，43（3）：479-487.

[15] 黄国勤．江西生态安全研究[M]．北京：中国环境科学出版社，2006.

[16] 黄国勤．江西生态系统研究[M]．北京：中国环境出版社，2016.

[17] 何流闻，周涛，晏林欢，等．国家农村粮食补贴制度的绩效评价与优化路径分析：江西宜春种粮补贴调研报告[J]．湖南农机，2011，38（5）：113-114.

[18] 黄国勤．中国南方稻田耕作制度发展的成就、问题及战略对策[J]．华中农业大学学报，2022，41（1）：1-20.

[19] 黄国勤．中国中部地区粮食生产的成就、问题及高质量发展对策[J]．中国井冈山干部学院学报，2022，15（1）：62-75．
[20] 黄国勤．江西农业灾害规律[M]．北京：中国农业出版社，2001．
[21] 江梦微，黄国勤，刘彬彬，等．余江县农田水利建设现状及发展对策[J]．农村经济与科技，2011，22（12）：34-36．

第七章　江西粮食生产的发展潜力

江西是我国南方重要的产粮大省之一，自1949年以来为国家粮食安全和经济社会发展做出了巨大贡献。江西气候条件优越，自然资源丰富，发展粮食生产具有得天独厚的基础与优势。基于此，本章重点分析江西粮食生产的发展潜力，提出挖掘粮食生产潜力的途径与对策，以供有关方面参考。

第一节　扩大面积的潜力

扩大粮食作物播种面积是挖掘粮食生产潜力的基础和关键。在当前及今后相当长时期内，江西粮食生产的面积潜力在于以下几个方面。

一、充分利用耕地资源

保护好、利用好江西现有耕地资源，是稳定、扩大江西粮食作物播种面积的基础，也是挖掘粮食作物播种面积潜力的关键。如果连现有耕地面积都得不到保证、都不能充分利用，则“挖掘粮食作物播种面积潜力”只能是一句空话。在保护好、利用好现有耕地资源的前提下，切实将全省粮食播种面积稳定在366.67万公顷以上。

（一）充分利用水田耕地资源

要稳定、扩大粮食作物播种面积，必须挖掘水田耕地资源生产潜力。一是挖掘“单改双”的潜力。江西多数地区（除少数山区外）适宜发展双季稻，但近年来由于劳动力缺乏、种稻比较效益低等，很多适宜种植双季稻的地方只种植一季中稻，浪费了光、热、水资源。为挖掘这方面的潜力，需要采取配套措施（如提高种稻效益等），将全省适合发展双季稻的现有“单季稻田”全部恢复为双季稻，其潜力巨大。如此，到2025年可将2020年的94.58万公顷单季稻（包括中稻和一季晚稻）的1/2（即约50万公顷）改种双季稻，提高稻田复种指数，对增加江西稻谷产量起到重要作用。若按每季平均单产7500千克/公顷计，50万公顷“单改双”，则可产稻谷375 000万千克（37.50亿千克）[1]。二是挖掘秋闲田的潜力。因伏秋干旱等多种原因，江西双季稻区在早稻收割后往往因缺水干旱而不能复种二季晚稻，造成全省常年分布的秋闲田有26.67万～40.00万公顷[2]。随着灌溉条件的改善，开发秋闲田，利用秋闲田扩种二季晚稻，对发挥水稻生产潜力具有现实意义。若按每季平均亩产 500 千克计，开发 33.33 万公顷，则可增产稻谷 25 亿千克。三是挖掘冬闲田的潜力。据作者调查和估算，江西目前尚有冬闲田 100 万～120 万公顷，占全省耕地面积的 45%～55%[3]，如果将其中的 1/2 加以开发利用，种上冬季粮食作物（大麦、小麦、蚕豆、豌豆、马铃薯等），那么将对增加江西粮食生产数量起到明显作用。

（二）深度挖掘旱地资源潜力

旱地是江西耕地资源的重要组成部分，是粮食（旱粮）生产的又一重要场所。挖掘江西粮食生产潜力，不仅要紧盯耕地中的水田（稻田），还要关注耕地中的旱地，只有水田、旱地同时抓，才能真正挖掘耕地粮食生产潜力。

1. 面积大、单产低、潜力大

2009 年，江西 281.9768 万公顷的耕地中，水田有 227.0269 万公顷，旱地有 42.9181 万公顷，旱地面积占耕地面积的 15.22%[4]。江西旱地可种植多种粮食作物、经济作物、饲料作物、绿肥作物和各种蔬菜。旱地生产条件较水田要差，因此旱地作物单产一般较低，如旱粮单产平均只有水田的 1/3。如果改善旱地生产条件，并采取先进种植技术，那么在今后 5 年、10 年旱粮单产将平均提高 20%～30%，甚至提高 1/2～2/3，即从现在每亩 150 千克左右，提高到每亩 180～195 千克，甚至 225～250 千克，这相当于全省每年增加旱粮 19 313.15 万～28 969.72 万千克，甚至 48 282.86 万～64 377.15 万千克。可见，江西旱地粮食作物的增产潜力是非常大的[5]。

2. 旱地条件差，限制因子多，增产途径多

与水田相比，江西旱地生产条件存在明显缺陷，表现在生产限制因子多。江西旱地多数是红壤丘陵旱地，目前江西大部分红壤丘陵旱地存在“酸”（土壤酸性重）、“瘦”（土壤瘠薄、肥力低、有机质缺乏）、“黏”（土壤黏性重）、“板”（土壤容易板结，不利耕作）、“旱”（土壤容易出现季节性干旱缺水，尤其是伏秋干旱）、“蚀”（土壤侵蚀，导致水土流失）、“毒”（土壤污染，尤其是土壤重金属污染）等多种限制因子，严重影响旱地作物生产潜力的发挥。

为了消除红壤旱地生产限制因子，挖掘其粮食生产潜力，必须采取以下多种方法：①培肥地力，增施石灰、碱渣等降低酸性；②多施有机肥料，实行生物养地，种植豆科绿肥（紫云英）和养地作物（大豆、绿豆、油菜等），实行作物秸秆还田，改善土壤理化性状和生物学性状，不断提高土壤肥力；③改善水利条件，选育抗旱品种，选种抗旱作物，实行间混套作和保护性耕作等，避免季

节性干旱带来的影响，实现“抗旱夺丰收”；④优化旱地物质投入，减少化肥、农药施用，种植吸污、解毒、去毒作物，实行清洁生产，提高农产品质量和安全性。

二、提高耕地复种指数

2011 年 3 月 16 日，在国务院召开的“2011 年全国粮食稳定增产行动”常务会议上，明确提出落实粮食播种面积，必须“推进耕作制度改革”。提高复种指数、挖掘复种潜力是推进耕作制度改革的重要内容和具体途径，因此，挖掘江西粮食生产的发展潜力，必须高度重视改革耕作制度、提高复种指数。

（一）江西复种潜力大

江西适宜发展一年多熟（两熟、三熟）的耕作制度。在历史上，江西耕地复种指数最高曾达到 249.40%（1992 年，含绿肥作物），在全国名列前茅[6]。目前，由于多种原因，江西耕地复种指数已降至 200%以下。从发挥粮食生产潜力的角度考虑，在今后 5～10 年，将江西耕地复种指数恢复、提高到 230%～240%是可行的，也是必要的。也就是说，将江西耕地复种指数在 200%的基础上提升 30～40 个百分点，按 2009 年全省耕地面积 281.9768 万公顷计，相当于增加耕地面积 85 万～113 万公顷。可见，江西耕地复种潜力巨大[7]。

（二）江西复种途径多

江西挖掘复种潜力、提高复种指数的途径如下：①消灭冬闲田、秋闲田，开发冬季农业、秋季农业；②发展间混套作，提高耕地利用率；③利用田塍资源，实行田塍复种（可复种“蚕豆—玉米—大豆”等）；④开发“边”“角”耕地资源，提高资源利用率和粮食产出率。

三、开发耕地后备资源

为挖掘粮食生产潜力、提高粮食总产量，有计划地开发耕地后备资源是必然途径。

（一）实施“造地增粮富民工程”

从 2007 年开始，江西以科学发展观为指导，依据土地利用总体规划与相关规划，以不影响行洪泄洪、不造成水土流失、不破坏生态环境为前提，以宜耕未利用地开发和土地复垦、农田整理为手段，对田、水、路、林、村等进行综合整治，改善土地利用结构和农民生产生活条件，增加有效耕地面积，提高耕地质量，提高土地利用率和产出率，实现“六个增加”，即耕地面积增加、粮食总产量增加、对国家粮食安全的贡献增加、农民收入增加、森林覆盖率增加、发展后劲增加。2010年，江西以“集中造地、连片整理”为手段的“造地增粮富民工程”，开发土地项目102个、新增耕地面积为0.8533万公顷。在大力实施“造地增粮富民工程”的同时，2010年江西积极推进农村土地整治示范建设，被列为全国10个示范建设省份之一，有18个县（市、区）被纳入项目区；省政府与财政部、国土资源部（现自然资源部）签订了项目协议书，项目总投资48.4亿元，其中中央投资24亿元，规划江西三年土地整治总规模达15.33万公顷，建设基本农田面积为12万公顷，新增耕地面积为1.33万公顷，新增粮食产量为2.75亿千克[8]。

（二）开发水面潜力

江西水面总面积为166.67万公顷，可养殖水面面积为32.21万公顷[9]。充分利用水面种植水芋、莲藕、慈姑、荸荠、菱角等水生粮食（蔬菜）作物，养殖各种鱼类，这实际上就是增加了粮食（食物）产量，挖掘了粮食生产潜力。

（三）发展复合农林业

在江西丘陵山地（尤其是幼林、幼果地）间套复种粮食作物，如甘薯、大豆、玉米、荞麦、绿豆、粟米等，有利于增加粮食产量，促进全省粮食生产的可持续发展。

第二节　提高单产的潜力

千方百计提高粮食作物单产，是挖掘江西粮食生产潜力最重要、最直接、成效最显著的途径和方法。

一、潜力大

（1）从理论方面来看，江西地处中亚热带湿润气候区，光、热、水资源丰富，十分有利于农作物生长和实现粮食作物高产。据计算[10]，全省水稻气候生产潜力为22 500～25 500千克/公顷，而目前江西水稻的现实生产力仅为9600～11 100千克/公顷，现实生产力仅为气候生产潜力的38%～49%。可见，从气候条件来看，江西粮食生产潜力是非常大的。

（2）从现实粮食产量来看，从总体上来说，江西粮食单产是比较低的，比南方各省（市）（上海、江苏、浙江、湖南、湖北等）平均低10%～15%，因此，提高江西粮食单产有较大潜力。

（3）从科学技术发展趋势来看，2020 年江西农业科技进步贡献率为 60.2%[11]，与发达省份（如江苏等）相比还有较大差距，其未来发展潜力巨大。

二、途径多

挖掘江西粮食作物单产潜力的途径多，具体内容如下。

（一）改造中低产田

据江西省农业厅主持编制的《江西省新增百亿斤优质稻谷生产能力项目建设规划方案（2008～2015 年）》可知，江西中低产田面积为 141.73 万公顷，其中低产田面积为 60.53 万公顷，中产田面积为 81.20 万公顷，中低产田面积占耕地面积的 2/3。江西中低产田包括冷烂、干瘦、粘板、砂（沙）漏、矿毒等多种类型。如果有针对性地采取综合措施改造中低产田，如加强农田基本建设、完善配套水利设施、合理施用化肥和有机肥（包括平衡施肥、测土配方施肥）等，把现有低产田变成中产田，把中产田变成高产田，把高产田变成高效田和超高产田，那么将大幅提高粮食单产。根据中国科学院知识创新工程重大项目“江西省耕地保育与持续高效现代农业技术研究与示范”（中国科学院红壤生态实验站等，2011 年 3 月 25 日）的设想和计算，将江西中低产稻田每公顷水稻产量增加 750～1500 千克，则低产田改造成中产田可使稻谷产量增加约 6.69 亿千克，中产田改造成高产田可使稻谷产量增加 23.13 亿千克，合计每年可增产粮食（稻谷）近 30 亿千克。

（二）推广优良品种

推广高产优良的粮食作物品种，可以大幅提高粮食单产。近年来，江西开展了超级稻品种的试验、示范与推广，为提高江西粮食单产带来了广阔前景。目前，适合江西推广的优良超级稻品种有‘金优 458’‘淦鑫 203’‘春光 1 号’‘新丰优 22’‘两优培九’‘扬两优 6 号’‘Y 两优 1 号’‘淦鑫 688’‘五丰优 T025’‘五优 308’‘丰源优 299’‘天优 998’等。其中，由江西农业大学培育的晚稻超级稻优良新组合‘淦鑫 688’[12]，于 2006 年在南昌县示范推广，示范田面积达到百亩，平均亩产达 696.35 千克；在进贤县经专家测产得出，平均亩产比当地主推组合‘汕优 10 号’增产 31.5%。由江西省农业科学院选育的具有自主知识产权的早稻超级稻优良品种‘金优 458’‘春光 1 号’被农业部确认为第三批示范推广的超级稻品种，推广这两种广适性早稻超级稻优良品种有利于提高江西乃至长江流域早稻单产。试验示范结果显示，这两种超级稻优良品种在同等条件下比一般杂交稻增产 8%以上，亩增产 40 千克，增效 64 元左右。由此可以看出，超级稻优良品种的选育和推广应用将为提高江西粮食单产发挥重要作用。

三、技术先进

推广应用先进栽培技术，对发挥粮食单产潜力具有直接作用，其效果可以说是“立竿见影”。

江西提高粮食单产的先进栽培技术有很多。一是开展“万亩高产创建示范”活动。近年来，江西开展的“万亩高产创建示范”活动，对推广应用水稻高产栽培技术、提高水稻单产起到了重要示范作用。据江西省农业厅（现江西省农业农村厅）的信息显示[13]，2013 年，江西粮棉油高产创建“万亩示范片”达 485 个，其中水稻示范片 431 个、棉花示范片 10 个、大豆示范片 4 个、油菜示范片 35 个、花生示范片 4 个、蚕豆示范片 1 个，中央财政总投入达 7760 万元。2013 年江西粮棉油高产创建的主要目标如下。一是以高产创建“万亩示范片”为基本单元，通过项目实施，新建示范片单产水平力争比上年提高 2%以上，续建示范片单产水平力争再提高，辐射带动所在县（市、区）均衡增产。二是实施轻简栽培技术。通过推广“双季双抛综合高产高效栽培技术”“少耕免耕保护性耕作技术”“多用一斤种、增收百斤粮综合配套高产栽培技术”等，大幅提高水稻单产水平。三是发展智慧农业。在粮食生产中推广智能化栽培技术，必将大幅提高粮食单产。

第三节　提升品质的潜力

提高粮食产品的品质，确保其优质与安全，这是未来发展的必然趋势。挖掘江西粮食生产潜力，必须顺应这一潮流，并力争走在全国前列。

一、基础条件好

江西生态良好、环境优美，具有适宜生产优质、安全粮食产品的基础和条件。江西生态环境展现新优势，全省环境质量继续位居全国前列，森林覆盖率由 2005 年的 60.05%提高到 2010 年的 63.1%，并且目前稳定保持在这一水平，居全国第 2 位；主要河流监测断面水质达标率由 2005 年的 76.3%提高到 2010 年的 80.3%，2021 年年底全省国考断面水质优良比例达到 95.5%，全国排名第 8 位[14]。2010 年全省 11 个设区城市空气环境质量全部达到国家二级标准；城镇生活污水集中处理率和生活垃圾无害化处理率分别达到 67.8%和 51.6%。5 年间（2006～2010 年），万元 GDP 能耗下降 20%，二氧化硫排放量下降 7%，化学需氧量排放量下降 5%。截至 2021 年年底，长江干流江西段和赣江干流水质保持Ⅱ类标准[15]。

良好的生态环境，为江西生产“绿色粮食”“有机粮食”，充分挖掘粮食优质潜力奠定了坚实基础。

二、经济上增效

从“优质优价”、提高粮农经济效益的角度来看，挖掘粮食优质潜力是必然趋势，符合市场经济的要求，在经济上是增效的。一般而言，优质粮食（如绿色大米、有机大米）的价格是普通粮食的2～3倍或3～5倍，甚至是8～10倍。可见，从提高粮食生产的经济效益来看，发展优质粮食产业是可行的和必需的。从总体来看，江西优质粮食品种不多、比重不高，因此今后必须大力发展优质粮食产业。

三、措施上可行

大力推进江西粮食优质化进程，切实挖掘全省粮食优质潜力，必须采取可行措施。一是大力推广优质粮食品种和优良粮食作物，这是粮食实现优质的基础。二是优化物质投入，尽量减少化肥、农药等化学制品的投入，走“清洁生产”之路，走“绿色、循环、低碳农业”之路。三是选择具有江西特色的优质粮食品种（如‘万年贡米’‘南城麻姑米’‘弋阳大禾谷’等），在生态环境良好、水利设施配套、具有发展优质粮食生产基础和条件的区域，实行规模化、产业化种植，以推进江西粮食优质化快速发展。

第四节　增加效益的潜力

一、转化增效

加速粮食转化，对促进粮食生产、提高种粮经济效益、挖掘粮食生产潜力具有直接的推动作用。挖掘江西粮食转化潜力，应从以下两个方面着手。

（1）养殖转化。用品质较差的粮食品种（如早稻谷）养猪是江西各地的传统习惯。因此，各地可选择品质较差、市场不畅销的粮食品种用于发展养殖业，包括养猪、养鸡、养鸭、养鱼等，这是粮食“转化增值”、挖掘潜力的途径。

（2）加工转化。目前，江西在国内外市场享有盛誉的丰城冻米糖、贵溪灯芯糕、峡江龙须米粉、弋阳团子、余江麦芽糖等，都是以大米为原料加工而成的。今后，可进一步增大规模、提升质量，不断开发新品种、开拓新市场，以争取更大的经济效益，实现粮食生产挖潜、增效。

二、综合利用增效

近年来，江西在粮食（特别是稻米）资源综合利用方面取得新进展。目前，在用米糠提取米糠油、用谷壳发电节约能源、用碎米生产功能淀粉等方面有新的突破。从进一步挖掘粮食资源综合利用潜力的角度考虑，江西粮食企业要加强与科研机构、大专院校的合作，在米糠营养素制备、米糠营养纤维生产、用稻壳制成白炭黑和活性炭、用米胚生产美容化妆品等方面进行积极探索，研发出优质、高效、环保的新产品。

三、结构调整增效

调整农业结构，特别是粮食作物生产结构，对发挥粮食生产潜力、满足人们日常生活需要和工农业生产需要是至关重要的，也是必不可少的。作者曾经对江西冬季农业生产结构进行研究，结果表明，若将江西冬种耕地面积的30%用于种植绿肥（紫云英）、40%用于发展油菜、30%用于春粮生产（种植大小麦、蚕豌豆、马铃薯等），则整个冬季农业效益可提高20%，对粮食增产、农民增收、农业增效具有十分积极的意义[16]。

从长远来讲，要发挥江西粮食生产潜力，促进江西粮食生产可持续发展，必须挖掘粮食结构潜力，做到“粮食作物种类多样化、粮食生产结构多元化”，要求如下：一是大力发展冬季粮食作物，如大麦、小麦、蚕豆、豌豆、马铃薯等；二是发展旱粮作物，可利用江西丰富的旱地资源，种植甘薯、玉米、大豆、荞麦、绿豆等；三是发展杂粮作物，可利用“边”“角”耕地资源，种植玉米、高粱、马铃薯、甘薯、杂谷、杂豆等杂粮作物，杂粮具有营养价值和保健作用，因此价格高、效益好，颇受国内外青睐；四是发展水生粮食（蔬菜）作物，如菱角、水芋头、薏苡、莲藕、茭白、慈姑、荸荠、水芹、芡实、莼菜、蒲菜等，江西水面积大，发展水生粮食（食物）作物生产潜力大、效益好；五是发展木本粮（油）作物生产，江西丘陵、山地资源丰富，可大力发展板栗、油茶、柿子、枣等木本粮（油）作物生产。木本粮（油）作物一般生长在无污染（少污染）的良好生态环境中，加上很少施用化肥、农药等人工化学制品，因此木本粮（油）产品往往是无公害的、绿色的、有机的、优质安全的农产品，越来越受国内外的广泛青睐和欢迎，其发展前景十分广阔。

四、科技进步增效

从根本上来说，农业的发展、粮食产量的增长，归根结底要依靠科技进步。可以说，科技进步是农业发展、粮食产量增长的根本动力和最终源泉。因此，从长远讲，要发展江西粮食生产、挖掘粮食生产潜力，关键是发展农业科学技术，不断推进农业科技进步。

根据研究，江西科技进步对经济增长的贡献率已由 2005 年的 45.6%提高到 2010 年的 50.1%；但 2010 年全国农业科技进步贡献率达到 52.0%，高于江西，这说明江西农业科技发展还有很大潜力。

2020 年，江西农业科技贡献率达到 60.2%[11]，与 2010 年、2015 年全省农业科技贡献率相比，已有较大提高，但与全国平均水平相比，还有不小差距，与发达省（自治区、直辖市）比，差距就更大。

今后，发展江西粮食生产、挖掘粮食生产潜力，要充分发挥科技的支撑作用，要加速农业科技研发、成果转化应用，将现代最新科技（尤其是生物技术、信息技术）、新材料、新工艺等广泛应用、嫁接、渗透到农业生产的各个方面和环节，力争在 2025 年、2030 年，江西农业科技对全省农业及经济发展贡献率提升到 65%、68%左右。

第五节　减少损失的潜力

2021 年 9 月 9～11 日，国际粮食减损大会在山东济南召开。全球 50 多个国家及国际组织、300 多名嘉宾与会，共同围绕“减少粮食损失，促进世界粮食安全”主题展开深入交流。习近平在大会的贺信中指出，粮食安全是事关人类生存的根本性问题，减少粮食损耗是保障粮食安全的重要途径。世界各国应该加快行动，切实减少世界粮食损耗[17]。

2021 年 10 月，中共中央办公厅、国务院办公厅印发《粮食节约行动方案》[18]，要求全国各地区、各部门高度重视节粮减损工作，采取综合措施降低粮食损耗浪费。

按照习近平贺信精神的总体要求和中共中央办公厅、国务院办公厅文件精神的具体要求，必须高度重视节粮减损工作，高度重视江西粮食的减损和降耗，切实维护江西粮食安全、国家粮食安全和世界粮食安全。

一、减损降耗的潜力

国内外大量研究表明，粮食生产从种到收再到储藏，直至消费的各个环节，一般要损失粮食总量的 10%～15%，高的达到 25%～30%，尤其是在非洲和发达国家[19]。这就意味着，江西每年有 200 万～300 万吨的粮食白白地损失，这是一个不小的数字，实在可惜。

减少粮食损失，就意味着增加粮食产量，提高粮食生产效益和效率。因此，从挖掘粮食生产潜力、减少粮食损失、实现粮食生产高效着眼，必须本着“开源”与“节流”并重的原则，高度重视江西粮食生产至消费各个环节的减损降耗。要通过各种有效途径和措施，将粮食损失率降至 3%～5%，这就相当于每年减少 140 万～200 万吨粮食损失量，潜力可观。要实现这一目标，必须做到如下 5 点：①减少播种、收获时的田间损失（包括掉粒、脱粒等）；②减少田间病虫草鼠害造成的粮食损失，减少水灾、旱灾等农业气象灾害造成的粮食损失；③减少储存、加工时造成的粮食损失；④减少酿酒用粮造成的粮食损失；⑤减少“餐桌上”“饭碗里”造成的粮食损失。

二、防灾减灾的潜力

自然灾害是造成粮食损耗的重要原因之一。要实现粮食减损降耗，就必须做好农业防灾减灾的各项工作。

据《中国农业年鉴 2009》[20]记载，2008 年江西农业自然灾害（包括旱灾、洪涝灾、风雹灾、台风灾、低温冻害等）受灾面积为 237.6 万公顷，成灾面积为 114.2 万公顷，绝收面积为 49.9 万公顷，全年农作物病虫草鼠害发生面积为 1549 万公顷，防治面积为 2316.2 万公顷，挽回粮食损失 426.1360 万吨、棉花 31 426 吨、油料 12 109 吨、其他农产品 568.0562 万吨，全省由病虫草鼠害造成的实际损失为粮食 57.2252 万吨（占当年全省粮食总产量的 2.92%）、棉花 10 170 吨（占当年全省棉花总产量的 9.09%）、油料 3514 吨（占当年全省油料总产量的 0.39%）、其他农产品 114.1855 万吨。2020 年，江西农作物自然灾害（水旱灾害、风雹灾、台风灾、地质灾害、低温冷害和雪灾等）受灾面积为 94.32 万公顷，绝收面积为 20.69 万公顷，造成的直接经济损失为 355.3 亿元。可见，江西农业遭受自然灾害的危害及所造成的损失是非常严重的。

为充分挖掘粮食生产潜力，确保江西粮食生产又好又快发展，必须高度重视农业防灾减灾，并采取切实措施，具体措施如下。①病虫害防控。主要通过加强对病虫害发生的预测预报，增强防控指导能力，使病虫防治面积占应防面积的 95%以上，水稻有效控制面积达到 90%以上，旱粮有效控制面积达到 80%以上。对迁飞性、流行性、灾害性、检疫性病虫实施联防联治和统一防治，大力推广“绿色防治”。这样，可将病虫损失降低 1/2～2/3，相当于粮食总产量增加 1.5%～2.0%。②气象预警。建设农业气候资源监测系统、农用气象情报预报系统、水稻遥感监测与评估系统、人工增雨抗旱作业系统等，使农业气象灾害对农业生产的危害降低 1/3～1/2。③积极开展救灾和灾后恢复重建。一旦出现自然灾害并危及农业生产，要积极开展救灾和灾后恢复重建，将灾害损失降到最低限度。

三、完善水利设施的潜力

完善水利设施，对于减少水旱灾害、实现江西粮食稳产增产具有重要意义。自 1949 年以来，江西在加强农田基本建设、完善农业水利设施、增加有效灌溉面积、确保旱涝丰收等方面取得了巨大成就，这是有目共睹的。但不容否定的是，曾经一段时期以来，我国各地在一定程度上忽视了农田水利建设，致使水旱灾害加剧，严重影响了农业生产。为此，2011 年中央一号文件明确提出加快水利建设，指出，水是生命之源、生产之要、生态之基。兴水利、除水害，事关人类生存、经济发展、社会进步，历来是治国安邦的大事。促进经济长期平稳较快发展和社会和谐稳定，夺取全面建设小康社会新胜利，必须下决心加快水利发展，切实增强水利支撑保障能力，实现水资源可持续利用。近年来我国频繁发生的严重水旱灾害，造成重大生命财产损失，暴露出农田水利等基础设施十分薄弱，必须大力加强水利建设。

按照党中央、国务院的战略部署，江西积极加快农田水利基本建设步伐。江西省人民代表大会农业和农村委员会于 2010 年 5～6 月，先后深入赣州、宜春、吉安、抚州 4 个设区市及所辖 8 个县（市、区）的部分农田水利工程现场和村民小组、山塘水库进行调研，指出江西农田水利突出存在 3 个方面的问题。①农田灌溉工程老化失修、灌溉效益衰减现象严重。全省大部分水利工程设施建于 20 世纪 80 年代前，由于当时田间工程基础设施标准低，大多数农田水利工程自建成至今没有更新改造过，相当数量的农田灌溉工程年久失修，灌渠淤塞、塌方，建筑物老化损坏，设施完好率低，造成有效灌溉面积锐减，抵御自然灾害的能力薄弱。②投入不足，农田水利建设资金缺口大。尽管中央和地方近年来加大了投入力度，但与农田水利设施年久失修、投资历史欠账较多相比，还存在很大差距。③体制机制改革滞后，水利工程设施运行维护举步维艰。各地普遍存在农田水利工程“重建轻管”“重大轻小”的现象，即重投资建设，轻已建工程管理；对已建成的水利工程项目，在管理工作中重大轻小，除由国家管理和控制的大中型水利工程外，不少小型水利工程（特别是田间工程设施）基本处于无人管理的状态。

针对农田水利目前存在的问题，为保障全省农业生产，特提出如下对策。一是多渠道加大农田水利建设的投入。在积极修复洪涝灾害损毁的水利工程设施的同时，要大力加强灾后农田水利基本建设，逐步形成农田水利基本建设多元化投入机制。二是进一步深化和完善农村水利改革，理顺农田水利管理体制和运行机制。要进一步深化和完善农村水利改革，探索并逐步建立小型农田水利建设的长效管理和运行机制。三是加强水利队伍建设。水利工程建设和管理具有较强的专业性。针对各地普遍存在的水利专业技术人员老化、技术人员缺乏的问题，各级政府及行政主管部门应把解决基层水利技术人员弱化和加强基层水利队伍建设问题提上议事日程，加快人才引进，完善基层水利服务体系，每个乡镇都要有懂水利方面的专门技术人员，为农田水利事业发展提供技术支撑。

2022 年 6 月，中共江西省委、江西省人民政府发布《关于推进全省水利高质量发展的意见》，对新时代江西水利建设和水利现代化做了全面规划，必将促进江西农业和农村经济高质量发展，为江西粮食生产高质量发展提供坚实基础和保障[21]。

参考文献

[1] 国家统计局．中国统计年鉴 2021[M]．北京：中国统计出版社，2021.

[2] 黄国勤．论开发南方秋季农业[J]．古今农业，1997（3）：64-75.

[3] 黄国勤．论开发南方冬季农业[J]．古今农业，1993（2）：67-72.

[4] 黄国勤．近四十多年来江西旱地农业的发展及对策[J]．耕作与栽培，1995（2）：16.

[5] 黄国勤．论开发南方旱地农业[J]．中国农业资源与区划，1996（6）：53-59.

[6] 黄国勤．江西省耕作制度理论与实践[M]．南昌：江西科学技术出版社，1996.

[7] 黄国勤．论提高我国南方耕地复种指数[J]．自然资源，1995（1）：30-37.

[8] 张志勇．“造地增粮富民工程”新增耕地 12.8 万亩[N]．江西日报，2011-01-09（1）.

[9] 黄国勤．江西生态系统研究[M]．北京：中国环境出版社，2016.

[10] 黄国勤．江西农业[M]．北京：新华出版社，2000.

[11] 江西省人民政府．关于印发江西省“十四五”农业农村现代化规划的通知[J]．江西省人民政府公报，2022（7）：8-45.

[12] 彭炳生，贺浩华，严长发，等．杂交中、晚稻组合淦鑫 688 的种植表现及高产栽培技术[J]．中国稻米，2006（4）：15-16.

[13] 江西省农业厅．江西省建立 485 个粮棉油高产示范片[J]．农村百事通，2013（15）：11.

[14] 殷琪惠，沈秋平．绿色发展意正浓：江西推进国家生态文明试验区建设综述[N]．江西日报，2022-04-13（1）.

[15] 张和平．关于国家生态文明试验区（江西）建设情况的报告[N]．江西日报，2022-02-15（6）.

[16] 黄国勤．江西冬季农业开发模式及关键技术[M]．北京：中国农业出版社，2009.

[17] 习近平．习近平向国际粮食减损大会致贺信[J]．致富天地，2021（10）：5-6.

[18] 中共中央办公厅，国务院办公厅．中共中央办公厅、国务院办公厅印发《粮食节约行动方案》[N]．人民日报，2021-11-01（4）.

[19] 焦点，吴薇，刘博．合作促节粮 减损助安全：国际粮食减损大会会议综述[J]．世界农业，2021（10）：121-126.

[20] 中国农业年鉴编辑委员会．中国农业年鉴 2009[M]．北京：中国农业出版社，2009.

[21] 中共江西省委，江西省人民政府．中共江西省委 江西省人民政府关于推进全省水利高质量发展的意见[N]．江西日报，2022-06-11（4）.

第八章　江西粮食生产的战略对策

本书第七章论述了江西粮食生产的发展潜力，并明确了江西粮食生产具有巨大的增产潜力，包括扩大面积的潜力、提高单产的潜力、提升品质的潜力、增加效益的潜力和减少损失的潜力。但在生产实践中，要将这些潜力变成现实生产力，则必须采取切实可行的战略对策和措施。本章拟对此进行重点分析和探讨。

第一节　战 略 目 标

进入“十四五”时期，全国各地按照党中央、国务院的战略部署，立足新发展阶段，贯彻新发展理念，构建新发展格局，推动高质量发展[1]。在这一大背景下，江西作为我国中部地区（包括山西、河南、安徽、江西、湖北、湖南6省）的一个重要省份，粮食生产必须适应新形势、新要求，走“高质量发展”之路[2]。基于这种认识，江西粮食生产的总体目标应是实现新时代江西粮食生产高质量发展。

要实现江西粮食生产高质量发展的总体目标，必须实现以下具体目标与要求，即高产、优质、增效、降耗、低碳。

一、高产

促进粮食高产、增加粮食数量、维护粮食安全，这是中国农业永恒的目标与要求。要做到这一点，就必须采取一切先进的科学技术和方法，充分发挥粮食作物的生产潜力，扬长避短、趋利避害，实现粮食作物高产、再高产、超高产。

二、优质

如果说“高产”可以解决“吃饱”的问题，则“优质”可以解决“吃好”的问题，解决“吃得营养”“吃得健康”“吃得长寿”的问题。可以说，优质的粮食农产品是粮食“高质量”的重要内涵和核心所在，是粮食生产高质量发展的重要组成部分。生产优质的粮食农产品（如无公害稻米、绿色稻米、有机稻米）是粮食生产高质量发展的最终体现和具体表现，也是实现粮食生产高质量发展永恒追求的战略目标、具体目标。

三、增效

增加种粮效益、促进农民增收，这是粮食生产高质量发展、可持续发展的内在要求。如果种粮不增收、不赚钱，没有经济效益，甚至亏本，则无人愿意种粮，也无人从事粮食生产。如果没有人种粮，或者种粮的人越来越少，粮食面积逐渐缩减，粮食产量越来越少，则无法维护粮食安全，也无法实现“高产”“优质”。因此，千方百计增加粮食生产经济效益，促进农民种粮增收，采取包括政策、科技、市场等在内的一系列方式方法是必要的，也是必需的。

四、降耗

在粮食生产过程中，提高资源利用率，降低资源消耗量，这对实现粮食生产高质量发展至关重要。一是要降低水资源消耗量。发展粮食生产，尤其是发展稻作生产，水资源消耗量是非常大的。基于全球水资源形势越来越严峻、中国水资源越来越紧张、江西水资源时空分配严重不均衡的现实状况，江西各地在发展粮食生产（尤其是水稻生产）时，要高度重视水资源的节约，走“节水”生产之路，通过种植节水品种、推广节水技术、发展节水灌溉设施等，实现水资源利用率提高、水资源消耗量降低的目标。二是要降低化肥资源消耗量。要通过种植绿肥（如冬季绿肥紫云英）、种植豆科作物（如蚕豆、豌豆、大豆、绿豆等）、实行作物秸秆还田等生物养地措施，并提高化肥利用率，达到减少化肥施用量、降低化肥资源消耗量的目标。三是要降低农药资源消耗量。要通过绿色防控技术，如释放天敌、理化引诱、生态调控和施用生物农药等，达到既控制作物病虫草害，又降低农药施用量，并且保护生态环境的目标。四是要降低能量消耗量。在江西粮食生产过程中，要因地制宜广泛推广少耕、免耕、覆盖等保护性耕作措施，达到节时、省工、保水、保土、保肥，以及降低能量消耗的效果。

五、低碳

农业，既是一个巨大的碳汇系统，又是全球重要的温室气体排放源。毋庸置疑，发展农业必须走“绿色低碳”之路。显然，粮食生产作为农业生产的一个重要方面、重要领域和重要组成部分，也必然走“绿色低碳”之路，或者说，“低碳”是实现农业生产高质量发展的重要目标和应有之义。

实现江西粮食生产“低碳”目标，就是要在粮食生产过程中做到减排、固碳、增汇、减污、扩绿，采取的具体措施[3]如下：①稻田甲烷减排目标可以通过品种改良、稻作技术创新和种植区划调整得以实现；②通过改良品种、选择高效肥料、进行氮肥优化管理等技术创新，以及用有机肥替代化肥、扩大豆科作物面积、推广禾豆轮作/间套作等使作物布局优化的种植制度调整，可以显著减少农田氧化亚氮（N_2O）的排放；③农田固碳、增汇是指通过作物或植物光合作用，经秸秆等废弃物直接或间接还田形成土壤有机质，以及经废弃物资源化利用等途径，将大气二氧化碳长期固定储存在自然生态系统中，从而达到抵消部分或者全部碳排放的一种综合技术途径，主要包括土壤固碳、生物质产品固碳和农林复合固碳等措施。

江西粮食生产的战略目标（总体目标和具体目标）如表 8-1 所示。

表 8-1　江西粮食生产的战略目标

战略目标	主要内容
总体目标	实现新时代江西粮食生产高质量发展
具体目标	高产——高产、再高产、超高产，确保国家和地区粮食安全
	优质——全方位提升粮食农产品内在、外在品质，包括营养性、适口性、医疗性（保健性）、纯净性、多样性、加工性能、观赏性能等
	增效——增加粮食效益、提高种粮收入、促进粮农增收
	降耗——降低水、肥（化肥）、药（农药）、能（能量）的消耗量，提高利用率
	低碳——减排、固碳、增汇、减污、扩绿，实现粮食生产绿色低碳发展

第二节　发 展 方 向

根据江西粮食生产的战略目标及国内外农业发展形势，可以预见未来江西粮食生产的发展方向，具体内容如下。

一、规模化

赵颖文等[4]对全国 13 个粮食主产区户均粮食生产规模进行比较分析可知：2019 年，江西户均粮食生产规模为 0.4033 公顷（6.05 亩），不仅比全国平均水平（0.4180 公顷，6.27 亩）要低，而且比邻省安徽（0.4920 公顷，7.38 亩）、湖北（0.4160 公顷，6.24 亩）都要低，比黑龙江（2.6540 公顷，39.81 亩）、内蒙古（1.3827 公顷，20.74 亩）、吉林（1.3320 公顷，19.98 亩）、辽宁（0.5100 公顷，7.65 亩）更低。一般来说，在一定生产规模范围内，并且各种条件处于相对正常、稳定的状态下，小规模则小效益，大规模则大效益。显然，要提高江西粮食生产的效率和效益，必须扩大生产规模，改变当前江西各地农业存在的“小规模”“小打小闹”的现象。

据统计，截至 2017 年，江西农村土地承包经营权流转面积约为 86.7533 万公顷，流转率为 40.5%；家庭农场为 3.82 万个，加入农民专业合作社的农户为 6.42 万户，规模（销售收入为500万元）以上农业产业化龙头企业为5223个，各类经营性社会化服务组织超过10万个，托管服务总面积为67.0667万公顷，综合托管率达18.4%[5]。2021年，江西农田土地流转率达到53.6%[6]。

今后，为提高江西粮食生产的效率和效益，必须进一步扩大生产规模，同时，要大力培育新型粮食生产经营主体，如家庭农场、农民专业合作社、种粮大户，以及龙头企业、生产联合体等，并带动或辐射带动全省农户从事粮食生产，推动全省粮食生产规模化发展。

二、机械化

没有农业机械化，就没有农业现代化，“农业的根本出路在于机械化”。大力推动江西粮食生产全程机械化，是大幅提高粮食生产效率的根本之策。2021年，江西建有全程机械化综合农事服务中心38个，全省水稻耕种收综合机械化率达到82%，位居全国前列[6]。

《江西省“十四五”农业农村现代化规划》[7]明确指出，推进农业机械化全程全面发展。支持农业社会化服务主体建设水稻机械化育秧中心，加快补齐水稻机械化种植短板。开展农机作业托管服务补贴工作，建设全程机械化综合农事服务中心。加快高效植保、产地烘干、秸秆处理等环节与耕种收环节机械化集成配套，大力推进粮食生产产前、产中、产后全过程机械化。

三、数字化

2019年5月，中共中央办公厅、国务院办公厅印发的《数字乡村发展战略纲要》[8]中明确指出：“夯实数字农业基础”“推进农业数字化转型”“因地制宜发展数字农业”。2019年12月，农业农村部、中央网络安全和信息化委员会办公室印发《数字农业农村发展规划（2019—2025年）》，对新时期推进数字农业农村建设的总体思路、发展目标、重点任务做出明确部署，擘画了数字农业农村发展新蓝图。2020年5月，《江西省实施数字乡村发展战略的意见》[9]发布，提出了江西夯实数字农业发展基础、推进农业数字化转型、提升农业装备智能化水平的具体对策和措施，必将有力促进江西数字农业发展。

粮食生产是农业生产的重要组成部分，农业的数字化转型也必然要求和带动粮食生产的数字化转型。或者说，为适应这一“数字化”发展的大背景、大趋势，适应农业数字化转型的要求，必然实行粮食生产的数字化转型。

具体来说，未来在江西粮食生产过程中，将在大力改善信息化、数字化基础设施的基础上，推广应用无人机、农业机器人及智能化管理系统，使整个粮食生产向着数字化、精细化、精准化、智能化、智慧化、自动化方向迈进，必将大幅提升粮食生产的速率和效率，使江西粮食生产呈现现代化、高质量发展局面。

四、高效化

衡量发展质量好坏、高低的重要内容或重要指标就是看其发展的效果和成效如何，包括效率和效益。由于规模化生产、机械化应用和数字化转型，未来江西粮食生产实现高质量发展的一个重要方向必然是高效化。

江西粮食生产高效化发展，主要体现在高效率和高效益两个方面。

（1）粮食生产的高效率层面。一是土地（耕地）资源利用高效率。通过节约、集约利用耕地资源，发展间混套作和复种多熟种植制度，提高耕地资源利用率和生产率。二是水资源利用高效率。通过扩大绿色面积，增蓄天然降水，发挥“绿色水库”的作用；在旱粮生产中，推广抗旱、耐旱作物品种；在发展水稻生产时，推行节水灌溉，发展节水型粮食生产技术，周长信提出的在水稻生产中灌溉的要求和标准是“浅水促返青、露田促发苗、晒田促壮苗、湿润促孕穗、寸水促抽穗、干湿促灌浆、停水促成熟”[10]，这对水稻节水灌溉具有参考价值。三是化肥、农药等化学投入品的施用高效率。通过测土配方施肥、肥料深施、化肥与有机肥配施，以及增施有机肥、实行作物秸秆还田等多种技术措施提高肥料利用率；通过综合运用物理措施、生物措施、农艺措施、生态调控措施等实现粮食作物病虫害的绿色防控，从而可以少施甚至不施农药。

（2）粮食生产的高效益层面。今后，实现江西粮食生产的高效益，就是要不断提高粮食生产的经济效益、生态效益和社会效益。实现途径如下：通过规模化、机械化、数字化生产技术，实现粮食生产节本增产增效；通过绿色防控等绿色生产模式与技术，实现生态效益不断提升和生物多样性不断丰富；通过优化社会化服务、延长产业链、提升价值链，以及“三产”融合发展，实现江西粮食生产社会效益的全面提升。

五、高端化

高端化是未来江西粮食生产的又一重要发展方向。要实现江西粮食生产的高端化，应从以下 6 个方面发力。一是优质化。毋庸置疑，在实现粮食高产的基础上，以及确保粮食数量安全的前提下，江西粮食生产必然向着优质化的方向发展，这是实现粮食生产高端化的重要内容和基础。二是营养化。如果说粮食的优质化是“表象”，则粮食的营养化是“内在”，是实实在在的内容，与人们的生命健康息息相关。因此，提高粮食的营养含量、健康水平和保健价值，将对“健康中国”“健康江西”产生深远影响。三是多样化。人们对粮食、食物的需求，不仅是对总量（数量）、品质和营养的需求，还是对种类、结构上的需要，种类多样化、品种多样性将受到广大消费者的青睐和欢迎。四是特色化。江西地处长江中下游南岸，粮食生产自然条件优越，特色粮食种类和品种深受国内外消费者的关注和青睐，如“万年贡米”等。江西粮食生产高端化发展，就是要走江西粮食的特色化发展之路。五是品牌化。江西是粮食大省、稻谷大省，理应有相当数量的“粮食品牌”“稻米品牌”，实际却不然。据统计，江西每年通过“三品一标”（无公害农产品、绿色农产品、有机农产品和地理标志农产品）认证的大米品牌超过 500 个，但面向全国的仅有“万年贡米”“金佳大米”“玉珠大米”等品牌，品牌少，稻米内生能力不强[11]。为此，进一步强化品牌意识，走品牌化发展之路，做大、做强、做优江西粮食品牌，尤其是稻米品牌，将是江西粮食生产向高端化迈进的关键之举。六是个性化。今后，农业高端化发展、产品个性化消费，将是一个必然趋势。或者说，个性化消费是高端化发展的一个重要标志、一个具体内容。为此，江西粮食生产要善于通过大数据、云计算等现代信息技术，打造个性化服务、个性化消费的平台和品牌，切实推进江西粮食生产向着高端化方向快速发展。

六、绿色化

为应对全球气候变化、缓解资源环境压力，走绿色化、低碳化发展之路，已成全世界的共识和必然选择。

中国已将绿色发展作为五大新发展理念（创新发展、协调发展、绿色发展、开放发展、共享发展）之一，倡导“生态优先、绿色发展”，并先后制定和发布一系列相关政策、文件或规划。2017 年 9 月 30 日，中共中央办公厅、国务院办公厅印发《关于创新体制机制推进农业绿色发展的意见》[12]，对推动全国农业绿色发展提出了指导意见和具体要求；2018 年 7 月 2 日，农业农村部印发《农业绿色发展技术导则（2018—2030 年）》[13]，主要内容包括推进农业绿色发展的重要意义、思路和目标、主要任务、保障措施 4 个方面，具有很强的指导性和可操作性；2021 年 8 月 23 日，农业农村部、国家发展和改革委员会、科学技术部、自然资源部、生态环境部、国家林业和草原局联合印发《“十四五”全国农业绿色发展规划》[14]，对“十四五”期间全国农业绿色发展的方向、路径、具体措施进行了全面规划和设计。

未来江西粮食生产必然向着绿色化、低碳化方向发展：一是大力推广粮食绿色高产高质高效生产技术，扩大优质稻、特色稻、功能稻的种植，发展优质大米、富硒功能大米、有机大米；二是促进粮食生产过程中减排固碳，减少化肥、农药、农膜等化学投入品的使用量；三是提升农田生态系统质量和稳定性，增加土壤碳汇；四是开展农业生态系统的“净化、绿化、美化”行动，扩绿、增绿、添绿，提高整个农业生态系统的绿色覆盖率，提升绿色植物对二氧化碳的固持能力，增加植物碳汇。

七、标准化

2021 年 10 月，中共中央、国务院印发《国家标准化发展纲要》[15]，指出要“筑牢绿色生产标准基础”“建立健全土壤质量及监测评价、农业投入品质量、适度规模养殖、循环型生态农业、农产品食品安全、监测预警等绿色农业发展标准”。显然，标准化生产是绿色农业生产发展的必然要求和必然趋势。粮食生产作为农业生产的重要组成部分，也必然朝着标准化方向发展。

江西粮食生产的标准化发展突出表现在以下几个方面。①农田建设高标准。按照“田成方、连成片”的要求，将零星分散田块改造为连片耕地，并完善沟渠水系网络，高标准配套田间道路、涵洞、下田桥等设施，打造高标准农田。截至 2021 年年底，江西累计建成高标准农田 174.85 万公顷，占全省耕地面积的 64.3%[16]。②生产技术标准化。以品种选用、栽培调控、群体质量栽培为核心，协调粮食作物个体与群体的关系，促进个体发育健壮，提高粮食作物抗逆能力，减轻田间化肥、农药施用管理压力。③投入品标准化。坚持科技创新，研究和运用科学肥药配方标准，确保配方肥和高效低毒低残农药适时适量施用。④机械作业标准化。示范和推广水稻等粮食作物机械化生产技术，研究农机与农艺措施相配套、相融合技术，建立一套有利于粮食高产优质栽培的农机作业标准，提高农机作业水平，并向着智能化、智慧化、自动化方向迈进。⑤粮食产品标准化。通过一系列相互协调、相互配套、相互融合的标准化技术体系生产出来的粮食产品，必定是高标准、高品质、高品位的“三品一标”农产品。

八、社会化

近年来，包括江西在内的南方各省（自治区、直辖市）不同程度地出现了粮食生产（特别是双季稻生产）“萎缩”“滑坡”现象。原因是多方面的，如种粮（稻）效益下降、劳动力缺乏、自然灾害影响，以及新冠疫情造成的不利影响，等等，但在粮食生产过程中社会化服务没有跟上、社会化服务体系不健全甚至缺失是重要原因。

农业农村部于 2021 年 7 月 7 日发布《农业农村部关于加快发展农业社会化服务的指导意见》（农经发〔2021〕2 号）[17]，明确了发展农业社会化服务的主要任务和工作要求，对做好江西粮食生产社会化服务具有指导意义。

湖南湘潭供销合作社大力开展粮食生产“九代”服务，即代育、代耕、代插、代防、代管、代收、代烘、代储、代销，并在此基础上初步构建了综合性、规模化、可持续的全程农业社会化服务体系，供销合作社服务农民生产生活的作用进一步彰显[18]。这对强化江西粮食生产社会化服务是有启发意义的。

今后，要实现江西粮食生产高质量发展，不断向社会化方向推进，必须做到：第一，大力培育和加强粮食生产社会化服务体系建设；第二，充分发挥社会化服务体系在促进粮食生产方面的重要作用；第三，江西各地可因地制宜地创新粮食生产社会化服务模式、技术和手段，不拘形式，务求实效。

九、科技化

习近平指出，“农业出路在现代化，农业现代化关键在科技进步”[19]。

自 1949 年以来，我国实现了农业发展、粮食增产，其重要原因之一就是不断推进农业科技化、促进农业科技进步，将最新科技成果应用于农业生产之中。截至 2020 年年底，我国农业科技进步贡献率超过 60%，农作物耕种收综合机械化率达到 71%，作物良种覆盖率超过 96%，良种对粮食增产贡献率超过 45%[20]。2012～2021 年，我国农业现代化建设迈上新台阶，农业科技进步贡献率达到 61%，农作物耕种收综合机械化率达到 72%[21]。我国农业科技整体研发实力进入世界前列，突破了一批重大基础理论和方法，科技已成为农业农村经济社会发展最重要的驱动力。

自 1949 年以来，江西在农业发展和粮食增长方面取得了巨大成就，为国家粮食安全做出了历史性贡献，扛起了作为全国 13 个粮食主产区之一的责任与担当，被誉为“江南粮仓”“鱼米之乡”[22]。其中，科技的力量、科技的发展、科技进步的贡献是功不可没的，也是粮食增产、农业增效、农民增收的最大“动力源”。“十三五”时期，江西农业科技进步贡献率达到 60.2%，智慧农业建设的政府和公私合作（public-private partnership，PPP）项目落地实施，智慧农业“123+N”平台平稳运行，信息进村入户工程全省推进；农产品质量安全追溯系统入库生产经营主体 7.6 万家，益农信息社 14 800 家，覆盖全省近 88%的行政村，数字农业服务能力不断增强[23]。截至 2021 年年底，江西主要农作物和水稻耕种收综合机械化率分别超过 76%和 82%[24]。2021 年，江西农业科技进步贡献率已经达到 61.5%[25]。

未来，江西粮食生产将进一步向科技化方向发展，科技在江西粮食生产中的地位和作用将不断增强和显现，尤其是传感器、无人机、人工智能、遥感技术等新型科技必将大量应用在江西粮食生产的各个领域、各个方面，可创造大量即时、完整、多维度的数据，为确保江西粮食稳产增收和创新发展奠定扎实的基础。事实上，移动互联网、“3S”技术①、人工智能、大数据、云计算、物联网等高科技已经在江西粮食生产中逐步运用和推广，其发展前景十分广阔。

① “3S”技术是地理信息系统（geographic information system，GIS）、遥感（remote sensing，RS）、全球定位系统（global position system，GPS）的统称和集成。

十、国际化

2001 年 12 月 11 日，中国正式加入 WTO，成为 WTO 第 143 位成员，标志着中国农业迈入国际化发展之路。“入世”（加入世界贸易组织）20 多年来，中国农产品贸易额由 2001 年的 279 亿美元增至 2020 年的 2468 亿美元，稳居全球第二大农产品贸易国、第一大进口国、第五大出口国[26]。2000 年，我国大米进口量只有 24 万吨，2020 年达到 294.3 万吨，增长 11.26 倍；2000 年，我国大米出口量为 107 万吨，2020 年达到 229 万吨，增长 1.14 倍[27]。显然，“入世”促进了我国农业的国际化发展，增强了中国农业的实力和在国际上的影响力。尽管近几年由于新冠疫情的影响，我国和世界各国一样，国际化发展步伐减缓，但随着疫情得到有效控制直至疫情最终“消失”，国际化发展是必然趋势，并且伴随着信息化、数字化等现代高新技术的快速发展，国际化发展速度必将越来越快、范围越来越广、程度越来越深、影响越来越大。

江西作为我国中部地区的一个重要农业省份，要实现粮食生产高质量发展，就要适应和顺应全国、全球国际化发展大趋势。这就要求江西做到如下 3 点：第一，在粮食生产中充分利用国内国际两种资源、两个市场，从自身实际出发，适度进口国际上（特别是发达国家）粮食生产先进技术和设备，使其为我所用；第二，发展粮食生产，必须走“质量兴粮”“品牌兴粮”“特色兴粮”之路，用先进的理念、经验、技术、设备，并结合江西具体实际，生产国际上“一流”的高质量粮食农产品，出口到世界各国，发展“外向型农业”“创汇农业”，力争在国际市场上“占有一席之地”；第三，培养国际化粮食生产人才队伍，包括专业技术人才、生产经营人才和管理人才，只有有了“一流人才”，方能干出“一流事业”，生产出世界“一流粮食”和“一流农产品”。

第三节　基本原则

要实现新时代江西粮食生产高质量发展，必须遵循以下几个基本原则。

一、“两藏”并进原则

“两藏”即“藏粮于地、藏粮于技”。2015 年 10 月 29 日，中国共产党第十八届中央委员会第五次全体会议通过的《中共中央关于制定国民经济和社会发展第十三个五年规划的建议》[28]明确指出，坚持最严格的耕地保护制度，坚守耕地红线，实施“藏粮于地、藏粮于技”战略，提高粮食产能，确保谷物基本自给、口粮绝对安全。这是首次提出实施“两藏”战略。显然，实施“两藏”战略，对于提高粮食产能、维护国家粮食安全具有重大战略意义。

在新时代，要实现江西粮食生产高质量发展，必须以“两藏”为指导思想和基本原则。这就要求在推动江西粮食生产发展过程中，同时推进“藏粮于地、藏粮于技”战略落实、落细到生产实践的各个环节之中。

在生产实践中推进“藏粮于地”战略的实施，要做到如下 3 点：一是保护耕地资源；二是治理耕地“非农化”“非粮化”；三是对污染、退化了的耕地资源进行治理和修复，恢复、提升耕地资源的质量和生产潜力。

在生产实践中推进“藏粮于技”战略的实施，要做到如下 3 点：一是高度重视科学技术对提高粮食生产能力的关键作用、支撑作用；二是加大对农业科技人力、物力和财力的投入力度；三是加强农业科技、粮食生产科技的研发，尤其要在粮食生产的信息技术、生物技术、绿色生产技术和新材料新装备技术等相关领域取得进展与突破。

二、“三产”融合原则

2020 年中央一号文件《中共中央 国务院关于抓好“三农”领域重点工作确保如期实现全面小康的意见》[29]指出，支持各地立足资源优势打造各具特色的农业全产业链，建立健全农民分享产业链增值收益机制，形成有竞争力的产业集群，推动农村一二三产业融合发展。2021 年中央一号文件《中共中央 国务院关于全面推进乡村振兴加快农业农村现代化的意见》[30]指出，推进农村一二三产业融合发展示范园和科技示范园区建设。2022 年中央一号文件《中共中央 国务院关于做好二〇二二年全面推进乡村振兴重点工作的意见》[31]指出，持续推进农村一二三产业融合发展。显然，要实现粮食生产的高质量发展，必须实行粮食三产融合发展。

粮食三产融合发展，主要是指粮食生产一二三全产业链的融合发展及其与关联性产业的融合发展、多功能发展，其本质就是要建构和发展现代新型粮食生产体系，这对促进粮食生产高质量发展至关重要。它的具体模式、形式或形态如下：大力发展粮食精深加工业，实现粮食一产与二产融合发展；大力发展粮食三产，将一产粮食作物种植与三产乡村旅游结合起来，建立“粮食公园”“水稻公园”，实现粮食一产与三产融合等；将大力发展特色粮食作物种植、粮食精深加工、乡村旅游三者有机结合，并将现代数字技术、智慧农业、电子商务等融入粮食一二三产业之中，形成现代粮食产业的新业态、新技术、新商业模式、新空间布局等，从而实现江西粮食生产、粮食产业的高质高效发展。

三、“三链”协同原则

在江西粮食生产、粮食产业发展过程中，实现“三链”协同发展（即延伸产业链、优化供应链、提升价值链），将极大地提升整个粮食产业的质量、效益和竞争力。

（一）延伸产业链

在种植环节，推广优粮优种，发展订单农业，实行连片种植和规模化经营。在收储加工环节，为种粮农民与加工企业搭建桥梁，促进优质优价，可以推广应用绿色储粮技术，实行分仓、分级储存，保证储藏阶段品质稳定；也可以实行适度加工，最大化保留营养物质，提高粮油品质，增加优质粮食供给，助力节粮减损。在销售环节，培育消费者喜爱的优质粮油品牌，丰富销售渠道，提升品质影响。

（二）优化供应链

在完善产业链的同时，聚焦粮食物流和销售体系构建，通过三大举措促进供应链的稳固提升：一是打造高效的物流体系，降成本、畅流通、提效率；二是完善线下销售网，建成大批好粮油便利店、形象店、体验店和直营店；三是构建线上销售平台，通过“中国好粮油”电子交易平台，打造专业完整的国内优质粮油供应链。

（三）提升价值链

在稳住产业链、供应链的基础上，江西各有关部门从强化研发和营销的价值增长点出发，全面发力提升粮食产品价值链，提高稻谷产业价值含金量：一是深入挖掘稻谷产品价值，引导组建产业联盟，创新开发衍生产品；二是整合搭建稻谷产业品牌体系，形成大品牌带小品牌、小品牌促大品牌的良性发展格局；三是加强产业文化建设，提升消费者的认同度[32]。

四、“三效”并举原则

在粮食生产过程中，要实现高质量发展，必须做到经济效益、社会效益和生态效益三者协调发展、同步增长。

粮食生产的经济效益是生产者、经营者最关心的问题，是其直接的经济利益所在。因此，只有做到“种粮赚钱”“种粮有利（益）”，粮食生产才有可能发展，才有可能高质量发展、可持续发展。否则，就会发展不起来、发展不长久。为了实现粮食生产的经济效益，除了提高粮食收购价格或实行最低保护价格外，国家或各级政府还给种粮者发放粮食补贴。

粮食生产的社会效益指粮食是关系国计民生的特殊物品、特殊商品，粮食数量的充足性、安全性直接关系社会稳定和国家长治久安。正因为此，国家对粮食生产有多种支持政策、扶持政策和保护政策。

粮食生产的生态效益是指在粮食生产过程中，其对生态环境及可持续发展产生的种种影响。如果采取绿色的粮食生产方式，则可使生态环境变好、变优，有利于粮食生产长远发展、可持续发展；如果违背绿色的粮食生产方式，采取破坏生态环境、污染生态环境的生产措施，则必将造成粮食生产的不可持续，不仅危害生态环境本身、降低粮食产品的品质，还会造成粮食产品有毒、有害、不可食用，甚至危及人类生存，其后果极其严重。从这一意义来说，应高度重视粮食生产的生态效益，推行绿色的粮食生产方式，走粮食生产可持续发展之路。

“三效”并举就是要求在粮食生产、粮食产业发展过程中，既要重视眼前的经济效益，又要关注大范围的社会效益，更要考虑长远的生态效益，三者协调发展，走江西粮食生产高质量发展、绿色低碳发展和可持续发展之路。

五、“三安”共促原则

要实现江西粮食生产高质量发展、绿色低碳发展、可持续发展，必须做到粮食安全、食物安全、生态安全。

粮食安全就是要确保粮食产品的数量安全。随着人口增长和人们生活水平的提高，对粮食数量的需求必然增加，因此必须采取现代科学技术和方法，提高粮食生产能力，增加粮食产出量，维护区域和国家粮食安全。

食物安全强调的是粮食的质量安全，即要生产合格的、无毒的、无害的、健康的，并且具有保健作用的高品质粮食产品。要采取一切技术和措施，消除影响、危害粮食生产的污染源和不良生态环境，要向着生产“三品一标”的方向努力，从而实现粮食生产高质量发展。

生态安全是实现粮食生产高质量发展的基础和根本。这里必须强调两点：第一，粮食生产要采取绿色、环保、低碳的技术和措施，确保种植粮食作物后，生态环境变好、变优、变美，生态环境安全；第二，只有在良好的、优美的生态环境产地（如粮田及周边环境）采取绿色的粮食生产方式，才有可能生产出健康、无毒、无害的粮食产品。因此，要保护好生态环境，良好的生态环境是生产高品质、高质量粮食的前提。

只有共同促进粮食安全、食物安全、生态安全，才能实现江西粮食生产的高质量发展、可持续发展。

六、因地制宜原则

农业具有地域性，粮食生产同样具有区域性特征。这就要求在粮食生产过程中，要遵循因地制宜的原则。在生产实践中，要根据江西各地的具体情况，做到发挥优势、扬长避短、区别对待，不可“一刀切”。

就水稻生产而言，江西有的地方适合发展双季稻三熟制（如绿肥—早稻—晚稻、油菜—早稻—晚稻），有的地方（如井冈山山区）则更适宜发展冬作两熟制（如冬蔬菜—一季稻）或再生稻（冬作—早稻—再生稻）。在鄱阳湖周边地区，为规避每年 5～6 月的“端午水”（端午节前后的洪水）造成的洪涝灾害，人们将传统的绿肥—早稻—晚稻三熟制改为冬季油菜或蔬菜—一季稻两熟制，以起到避灾、稳产、增收的作用。

总之，在江西粮食生产中，只有遵循因地制宜、趋利避害的原则，才能实现全省各地粮食生产的稳定发展、高质量发展和可持续发展。

第四节　战略措施

要实现新时代江西粮食生产高质量发展，必须在遵循基本原则的前提下，采取以下具体的战略措施。

一、“一保”

“一保”是指保护耕地资源。耕地资源是农业生产的根基，耕地是农民的命根子。保护耕地资源，就是保护粮食综合生产能力。

就目前耕地资源状况来说，江西与全国各地一样，存在着耕地“被占”（如工业占用耕地资源，尤其是粮田、良田）、“被毁”（人为或自然灾害损毁耕地资源）、“被他用”（耕地“非农化”，如用耕地种植花卉、苗木等）等各种不良现象，给耕地资源带来重大威胁。

因此，实现江西粮食生产高质量发展，保护江西耕地资源迫在眉睫。要运用法律、行政、经济、技术等各种手段、方法和措施，对江西现有耕地资源加以保护，做到决不让一寸土地、一块农田“流失”，更不能让粮田、良田“丢失”。

需要特别强调的是，保护耕地资源，不仅要保护耕地资源的数量，使耕地面积不减少，还要保护耕地资源的质量，使耕地资源在利用过程中不退化、不变质、不变形，保持“地力常新壮”；同时，针对已经退化的、污染的、不安全或不能利用的耕地资源，要采取各种治理、修复、恢复措施，使其逐步得到治愈，恢复正常。

二、“二扩”

扩大粮食作物播种面积是提高粮食产量、维护粮食安全最基本的途径。这里说的“二扩”是指扩大水稻播种面积、扩大旱粮播种面积。

水稻是江西粮食生产的主体作物。扩大水稻播种面积，对稳定、提高江西粮食总产量具有重要作用和决定性意义。扩大江西水稻播种面积，最重要的就是要尽快扩大、恢复江西双季稻的播种面积。1977 年，江西双季稻播种面积达到

318.59 万公顷，占当年全国双季稻总面积（2540.98 万公顷）的 12.54%，而 2020 年全省双季稻播种面积下降至 249.60 万公顷，较 1977 年减少 21.65%。就江西早稻播种面积而言，1971 年达到 180.68 万公顷，居历史最高水平，而 2020 年只有 121.75 公顷，较 1971 年减少 32.62%；就江西双季晚稻播种面积而言，2011 年达到 150.82 万公顷，居历史最高水平，而 2020 年降到 127.85 万公顷，较 2011 年减少 15.23%（见表 6-1）。由此可以推测，将江西双季稻播种面积由 2020 年的 249.60 万公顷逐步恢复、增加到 320 万公顷、330 万公顷是完全可能的。

扩大江西粮食播种面积，不仅要重点扩大水稻播种面积，特别是恢复、增加双季稻播种面积，还要注重扩大江西旱粮播种面积。从总体上来看，江西旱粮生产面积小、单产低、潜力大。扩大旱粮播种面积、提升旱粮单产，是未来江西粮食生产重要潜力所在。扩大江西旱粮播种面积可从以下途径入手：一是增加熟制，提高旱地耕地复种指数，与水田（稻田）相比，江西旱地耕作相对粗放，熟制低，多为一熟或二熟，可通过发展旱地粮食作物的间混套作，扩大旱粮面积，提高复种指数；二是可在水田（稻田）田埂上扩种大豆、绿豆、玉米等旱粮作物，提高稻田田埂资源利用率和生产率[33]；三是开发利用非耕地资源，实行“旱粮上山”，即将旱粮作物（如玉米、大豆、绿豆、甘薯等）与丘陵坡地上的幼林、幼果进行间套作种植，形成粮林间作、粮林复合的高效种植体系；四是利用各种“边”“角”耕地资源，以及房顶、屋顶、窗台和房前屋后的庭院来种植旱粮作物，不仅可增加旱粮产出及经济收入，还可改善周边生态环境，一举多得。

三、“三建”

“三建”是指建设促进江西粮食生产的社会化服务体系、建立保障江西粮食生产的防灾减灾体系和构建促进江西粮食生产、确保粮食安全的长效机制。

（一）建设促进江西粮食生产的社会化服务体系

完善、便利、快捷的社会化服务体系，对促进今后江西粮食生产具有重要作用。未来，要通过专业化、市场化、多元化的服务带动江西粮食生产适度规模经营，实现小农户与现代农业发展的有机衔接，探索出一条资源节约、高产高效和优质安全的江西粮食生产现代化发展之路。要注重培育壮大新型粮食经营主体和服务组织，发挥经营主体和服务组织在队伍、资金、技术、设备等方面的优势，围绕粮食生产各环节，进一步拓宽服务内容，提升专业化服务水平，创新推行代育秧、代翻耕、代机插、代管理、代防治、代收割、代烘干、代存储、代加工、代销售“十代”社会化服务模式，建立粮食生产全程覆盖、综合配套、便捷高效的全产业链社会化服务体系，不断激发粮食生产新动能，提升农业生产经营现代化水平，带动农民增收。

（二）建立保障江西粮食生产的防灾减灾体系

一方面，江西自然条件优越，具有发展粮食生产的显著优势；另一方面，由于光、热、水等自然资源分布不均衡，以及其他不良自然环境条件和人为原因，江西粮食生产过程存在严重的灾害问题，给粮食生产带来不利影响和严重危害。在粮食生产过程中，江西各地广泛存在的灾害有干旱灾害、洪涝灾害、高温热害、低温冷害等气象灾害，病虫草鼠害等生物灾害，滑坡、泥石流等地质灾害，以及生态破坏、环境污染等生态环境灾害。因此，要确保江西粮食生产稳定发展、健康发展、可持续发展，必须建立防灾减灾体系。具体措施如下：一是加强农田基本建设，夯实粮食生产基础，当前，特别是要进一步加强高标准农田建设、强化农田水利建设；二是建立各种自然灾害的风险评估和预警机制，建立防灾体系，做到防患于未然；三是做好粮食生产灾害保险工作，实现粮农“受灾不减产、受灾不失收”“受灾有保障”。

（三）构建促进江西粮食生产、确保粮食安全的长效机制

构建促进江西粮食生产、确保粮食安全的长效机制如下：一是建立种粮增收机制，即决不能让种植粮食的农民赔本、亏本；二是建立种粮保险机制，让种植粮食的农民灾年不减产、不歉收、不吃亏；三是建立种粮奖励机制，生产粮食多的农民或经营主体（家庭农场、农民合作社、种粮企业等）可以获得应有的物质奖励和精神鼓励。

四、“四改”

要实现新时代江西粮食生产高质量发展，必须做到以下“四改”（低改高、籼改粳、冬闲改冬种和连作改轮作）。

（一）低改高

一是将低产粮食作物改为高产粮食作物。在江西粮食作物中，水稻是高产粮食作物，因此，只要有能种植水稻的地方（有灌溉条件），江西各地就要尽量多地种植水稻；在没有灌溉条件不能种植水稻的农田，则要种植高产旱粮作物，如玉米、大豆或甘薯等。二是将低效粮食作物改为高效粮食作物。提高种植粮食作物的经济效益，实现种粮农民增收，这是粮食生产高质量发展、可持续发展的一个重要目标。正所谓，“低效难以持久，高效方能持续”。基于此，在选择旱粮作物时，可选择短生育期、早熟且品质和可口性都好（口感好、味道好）的作物，如鲜食甜玉米或收青荚的大豆，其经济效益好，并且深受消费者的欢迎和青睐。三是将低劣粮食作物品种改为高质粮食作物品种。每种粮食作物都有许多品种，其

特征特性往往不同，包括生育期、产量、品质、抗性、适应性等。各地可根据具体作物品种的特性和要求，选择高质、高效、多抗、广适的作物品种，这对提升粮食生产效益、促进粮食生产高质量发展具有重要作用和积极意义。

（二）籼改粳

在我国南方种植的水稻历来以籼稻为主，尤其是长江中下游地区的江西、湖北、湖南等地。因为粳稻在光热资源利用、稳产性、抗逆性，以及加工品质、蒸煮食味等方面较籼稻具有一定的优势，符合稻谷“优质转型”的要求，所以我国南方各地正在积极推动将种植籼稻改为种植粳稻，并且已取得积极进展与成效。2021 年江西籼改粳面积突破 13.33 万公顷。实践证明，与籼稻单产相比，粳稻单产平均增加 1500～2250 千克/公顷（100～150 千克/亩），扣除新增种子等农资成本，粳稻平均综合效益增加 3000 元/公顷（200 元/亩）以上。可以预见，在今后 3～5 年，江西各地粳稻面积仍将稳步扩大，由 2021 年的 13.33 万公顷发展到 20 万公顷甚至 26.67 万公顷是可能的。

（三）冬闲改冬种

根据作者调查及相关资料估算，当前江西有冬闲田 93.33 万～106.67 万公顷，占全省耕地总面积（272.16 万公顷）的 34.29%～39.19%[34]。冬闲时间长达 6 个月（冬生长季，从头年 11 月至翌年 4 月），造成光、热、水、土资源的极大浪费，这对实现农业生产、粮食生产高质量发展极其不利，并且已成为农业发展、粮食丰产的重要障碍。为此，必须采取如下措施。

（1）冬季绿肥养地。恢复种植冬季绿肥紫云英，这对改善土壤结构、提高土壤肥力、做到用地养地相结合具有重要意义。

（2）扩种冬粮作物。扩大冬季粮食作物（小麦、大麦、蚕豆、豌豆、马铃薯等）的播种面积，同时不断提高单产，这对增加全年粮食总产量具有显著作用。

（3）种植兼养作物油菜。油菜是一种用养结合、功能多样的油料作物，将用地与养地融为一体，不仅可油用（生产菜籽油），还可蜜用（花蜜可养蜂）、菜用（油菜薹可做蔬菜食用）、饲用（油菜可做青贮饲料，油菜饼粕是优质的蛋白质饲料）、肥用（翻压肥田）、观赏用（旅游观赏油菜花）、能源用（油菜是能源作物，可生产生物柴油）、生态用（种植油菜可吸附农田土壤中的镉、铅、砷等多种重金属）等。

（4）种植冬季蔬菜或者栽种食用菌。利用冬闲田种植冬季蔬菜（如大蒜）或者栽种食用菌（如大球盖菇），不仅可增加冬种作物种类，丰富农产品市场，提高人民群众的生活质量和生活水平，还可大幅提高冬季农业的经济效益。因而，该措施深受农民欢迎。

（5）种植冬季饲料作物。在江西，利用冬闲田种植冬季优质饲料作物黑麦草对实行农牧结合、提高整个农业生态系统的效益具有实践意义。

（6）优化冬作结构。作者通过对江西及南方冬季农业的长期研究和思考，认为江西冬种作物最优结构与比例是绿肥紫云英播种面积占 30%，冬季粮食作物（小麦、大麦、蚕豆、豌豆、马铃薯等）播种面积占 40%，冬季油菜播种面积占 20%，冬季各种蔬菜播种面积占 10%，此时的综合效益（经济效益、社会效益与生态效益）最佳[35]。

（四）连作改轮作

长期以来，江西及南方各地多实行水稻连作（实为复种连作），造成农田土壤次生潜育化严重，大量有毒有害物质积累，稻田土传性病虫草害猖獗，这种连作障碍已成为江西及南方稻区粮食生产（特别是稻谷生产）高质量发展的最大障碍和制约因素。大量科学研究和生产实践证明，实行轮作、复种轮作是破解这一难题、解决这一障碍最有效的方法。江西稻田实行轮作、复种轮作有以下 3 种模式。

（1）冬作轮作。保持双季稻不变，冬季作物实行年间轮换。例如，肥（紫云英）—稻—稻（第 1 年，传统稻田三熟制）→麦（小麦或大麦）—稻—稻（第 2 年）→油菜—稻—稻（第 3 年）……或者，肥（紫云英）—稻—稻（第 1 年）→豆（蚕豆或豌豆）—稻—稻（第 2 年）→马铃薯—稻—稻（第 3 年）……当然，冬季也可以种植蔬菜、栽种食用菌等。

（2）水旱轮作。保持冬作结构基本不变，将水稻（早稻或晚稻）与旱作物进行轮换，常常有以下两种方式。①早稻轮作，如肥（紫云英）—早稻—晚稻（第 1 年，传统稻田三熟制）→肥（紫云英）—早玉米—晚稻（第 2 年）→肥（紫云英）—早大豆—晚稻（第 3 年）……。②晚稻轮作，如肥（紫云英）—早稻—晚稻（第 1 年，传统稻田三熟制）→肥（紫云英）—早稻—晚玉米（第 2 年）→肥（紫云英）—早稻—晚大豆（第 3 年）……。

需要指出的是，在两种水旱轮作方式中，以第 2 种晚稻轮作更为常见、更有实际意义。这是因为在江西现有稻田（水田）中，有一部分稻田缺乏灌溉条件，或者虽然有灌溉条件但干旱严重，往往在早稻收获之后因缺水而不能正常复种二季晚稻，或者即使栽插了二季晚稻，也因干旱缺水而不能正常生长、成熟，最终造成失收。这种状况的稻田有 26.67 万～40.00 万公顷，俗称秋闲田[36]。为了开发利用秋闲田，将传统的种植二季晚稻改为种植秋季旱粮作物，如晚玉米、晚大豆、晚甘薯等，即实行晚稻轮作。这样，既扩大了耕地资源（秋闲田）利用面积，又增加了作物产量和农田产出，还通过轮作改善了土壤理化和生物学性状，一举多得、一举多效。

针对旱地粮食生产，其实行轮作、复种轮作的形式更多、更复杂。①禾豆轮作，即禾本科作物（如玉米、高粱等）与豆科作物（如大豆、绿豆等）进行轮作；②禾薯轮作，即禾本科作物（如玉米、高粱等）与薯类作物（如甘薯、马铃薯等）进行轮作；③禾菜轮作，即禾本科作物（如玉米、高粱等）与各种旱地蔬菜进行轮作；等等。

（3）休耕、轮作。这种轮作是一种特殊的轮作形式，即将休耕与作物轮作结合起来，这是对耕地的一种保护形式，是落实"藏粮于地"的一种具体行动，是保护农田生态环境、维护生态安全的必要之举。江西有少部分耕地（特别是矿区周边的农田）遭受重金属污染，不适宜种植食用性作物（粮食、蔬菜），必须通过休耕、轮作进行修复和治理。在没有治理好、修复好之前，不宜用于种植水稻等粮食作物，亦不能用于栽种蔬菜等各种食用作物（植物）。只有经过一段时间的休耕、轮作和治理恢复，达到安全利用的标准，方能正常使用、正常种植粮食等各种作物。

五、"五节"

江西粮食生产走绿色发展、高质量发展之路，资源节约、集约利用是关键和核心，这也是建设资源节约型、环境友好型社会的本质要求。要实现新时代江西粮食生产高质量发展，关键要做到"五节"，即节地、节水、节肥、节药、节能。

（一）节地

耕地是粮食生产最宝贵的资源。节约、集约利用耕地资源，是粮食生产高质量发展的首要之举。这就要求做到以下几点。第一，立体种植。无论是水田还是旱地，种植粮食作物时都可以通过发展间混套作立体种植，实现对耕地资源的立体利用、集约利用和节约利用。第二，多熟种植。在江西无论是水田还是旱地，都可以通过发展一年三熟制，实现对耕地资源的高度集约化利用。第三，种养结合。在发展粮食生产时，将粮食作物种植与养殖业结合，形成种养结合模式，以达到对资源的集约化、高效化利用，如稻田养鸭、稻渔复合种养、棉田养鸡、田埂养牛等。

这里需要特别指出的是，对江西现有冬闲田、秋闲田的开发利用就是节约、集约利用耕地资源的一种重要方式，各地务必重视并抓紧、抓实、抓好，抓出成效。

（二）节水

"水利是农业的命脉"。节约水资源，实现水资源可持续利用，对促进江西粮食生产高质量发展必不可少且极其重要。

要想在江西粮食生产中节水，关键要做到以下几点。第一，蓄水。千方百计蓄积天然降水，增大水的蓄积量、库容量，这是节水、用水的基础。如果没有水或者水太少，则再怎样节约也没有意义。第二，节源。有了充足的蓄水量，就要用好水，做到节约用水。如果种植水稻，则要做到节水灌溉（如微灌、管灌、渗灌）、湿润灌溉，切忌大水漫灌、满水满灌；如果种植旱地粮食作物，则要采取覆盖、少耕、免耕等保护性耕作措施，以减少农田水分消耗。第三，保水。不仅要保护水的数量，不让水外流、损耗，杜绝“跑、冒、滴、漏”现象，珍惜每滴水，更要保护水的质量，要防范和整治水污染现象，实现“清水长流”“洁水常用”。

（三）节肥

“肥料是庄稼的粮食”。合理施肥、节约施肥、科学施肥，不仅可促进粮食作物高产高效，还可保护、优化农业生态环境，促进绿色发展。如果过量施肥，则不仅不能促进作物高产高效，还会造成资源浪费、生态破坏、环境污染，危害生物多样性，并最终危及人类生存环境，对整个地球生态环境产生极其不利的影响。因此，必须高度重视粮食生产中的“节肥”。这里强调几点：一是要加强生物养地，通过多种植绿肥（如冬季绿肥紫云英）和豆科作物（如大豆、绿豆、蚕豆、豌豆等），改善农田土壤结构，提高农田土壤肥力；二是要广辟有机肥源，广为收集猪粪、牛粪、农村生活垃圾、厕所粪污等，将之堆沤、腐熟之后，施入农田，既增加了农田肥料源，又减少了环境污染源，一举两得；三是要改善化肥施用的方式，如开展测土配方施肥、肥料深施、点施、穴施、水肥一体化等，提高化肥利用率。通过这些措施，可有效减少化肥施用量，从而在粮食生产中达到节肥的目的。

（四）节药

减施、少施甚至不施农药（尤其是剧毒农药），不仅是农业绿色发展的需要，更是粮食生产高质量发展的内在要求。要实现江西粮食生产高质量发展，从节药（即减施、少施甚至不施用农药）的角度来说，应从以下几个方面着手：第一，种植抗病虫害的粮食作物品种，不同粮食作物品种对病虫害的抗性往往不同，并且有时还相差甚大，因此在生产实践上选择抗性强的品种，可以做到少施甚至不施农药，达到节药的目的和效果；第二，采用生态的办法防治病虫草鼠害，如在稻田中释放害虫天敌（如赤眼蜂）、放养青蛙、保护黄鼠狼及实行稻田复合种养（稻田养鸭、稻田养鱼、稻田养虾等）等，可在不施农药的前提下有效地防治稻田病虫草鼠害；第三，采用合理的轮作、间作、理化引诱、种植香根草等多种生物的、农艺的措施，可较好地防控粮食作物的病虫草害，既实现节药的目的，又增产增收；第四，可根据粮食生产的实际需要，适量施用生物农药、绿色农药、低毒低残留农药。

（五）节能

节能减排是当前绿色、低碳发展的需要。江西粮食生产高质量发展，应高度重视节能，要向节能、减排、固碳方向发力。一是要“少耕”，即采用少耕、免耕、直播（水稻直播、旱粮直播）和覆盖等轻简化保护性耕作措施，实现生产过程节能。二是要“少施”，即通过生物养地、绿色防控、生态减灾等措施和方法，达到少施化肥、少打农药的目的，从而实现管理过程节能。三是要“少用”，即在农业机械化过程中，在使用新型节能型农业机械的前提下，减少农机下田作业次数，或者采用“联合”“混合”“综合”的办法，达到节能的目的。

六、“六高”

从长远来看，要实现新时代江西粮食生产高质量发展，必须做到“六高”，即高产量、高品质、高效益、高效率、高性能、高素质。

（一）高产量

高产量是江西粮食生产高质量发展的基础。没有“高”的产量，不能满足人们日益增长的对粮食“量”的需求，其他“高”（如高品质、高效益等）就会失去意义。只有在满足了人们对粮食“量”的需求的基础上，提高“质”才有意义。因此，要千方百计地增加江西粮食总产量，为江西、为国家粮食安全提供保障，这是极其重要的。这就要求在生产实践中做到以下几点。

（1）扩大粮食播种面积。这是基础，当前最紧要的就是尽快有计划地逐步恢复、扩大双季稻播种面积；同时，扩大旱粮播种面积，做到“水旱并重”（水稻与旱粮同样重要）、“水旱并行”（水稻与旱粮同时进行扩面积、增产量）。

（2）提高粮食作物单产。在播种面积一定的前提下，应重点提高江西粮食作物单产。就目前而言，江西粮食作物单产比邻省（安徽、浙江、湖北、湖南、福建、广东）都要低，因此，提高粮食作物单产发展潜力大，应采取坚决措施尽早挖掘。

（3）发展多熟种植制度。江西是南方典型的双季稻三熟制（简称“双三制”）地区，光、热、水条件好，复种指数高。但近30年，江西耕地复种指数下降幅度较大，三熟制的优势和潜力没有发挥出来。今后，为实现江西粮食高产量，必须提高复种指数，发展“双三制”和旱地间混套作三熟制。这是江西粮食高产量的优势所在、潜力所在，必须尽快挖掘、全力挖掘。

（二）高品质

品质的高低与优劣直接关系到能否实现高质量发展。可以说，高品质是粮食生产高质量发展的核心内涵和本质要求。这就要求在生产实践中做到以下几点。

（1）加强粮食作物优质品种的选育。要将传统育种方法（如系统育种）与现代育种方法（如杂交育种、诱变育种、细胞工程育种、分子育种、航天育种等）结合，更快、更多、更好地选育高产、优质、高效、多抗、绿色的粮食作物品种。

（2）推广应用江西自己选育成功的粮食作物优良品种。从 1949 年至今，江西农业科技工作者先后选育成功了一系列优质品种，为江西粮食生产发展和维护国家粮食安全做出了积极贡献。就水稻而言，江西先后育成并在全省及南方广大地区广泛推广应用的高产优质品种有矮秆品种‘莲塘早’‘南特号’，杂交水稻品种‘赣化 2 号’，超级稻品种‘淦鑫 688’‘五丰优 T025’‘泰优 871’等。这些优质水稻品种为实现质量兴农、保障粮食安全和支撑农业供给侧结构性改革做出了重要贡献。

（3）引进省外优质品种并在江西大力推广应用。由广东省农业科学院水稻研究所根据“水稻核心种质育种理论”育成的新一代丝苗型优质水稻新品种‘美香占 2 号’，具有株型好、长势强、分蘖力较强、结实率较高、熟色好、谷粒细长、品质好等特点，一般产量为 400～500 千克/亩，最高产量可达 600 千克/亩，于 2006 年通过广东省品种审定[36]。该品种于 2018～2020 年连续 3 届获得全国优质稻品种食味品质鉴评金奖，是唯一获此殊荣的籼稻品种，得到业界的高度认可。在 2013 年之前，‘美香占 2 号’集中种植在广东；2013 年以来，‘美香占 2 号’开始在江西种植。截至 2020 年，‘美香占 2 号’在江西累计种植 65.73 万公顷，为江西稻谷增产发挥了重要作用[37]。今后，江西还要注意进一步引进外省优质品种，从而更好地推动全省粮食生产高质量发展。

（三）高效益

经济效益高、社会效益好和生态效益佳是粮食生产高质量的外在表现和直接反映，也是粮食生产可持续发展的必然要求和最终目标。

（1）经济效益高。江西粮食生产高质量发展，首先体现在经济效益高。这就要求做到如下几点：一是多种植优质高价的粮食作物；二是多采用节本增效的新型种植技术和方法，尤其是要将现代数字化技术、智能化技术，以及无人机、机器人等应用到粮食生产实践中；三是加大国家和地方政府对种植粮食的政策支持力度，使农民“种粮赚钱”“种粮增收”，充分调动和发挥广大农民种粮的积极性、主动性和创造性。

（2）社会效益好。粮食数量充足、质量安全、价格适宜，“看得见、买得起、吃得到”，全社会成员都可共享“优质粮食”这一成果。这是粮食生产高质量发展所展现出来的社会效益好的具体表现和形象。事实上，自 1949 年以来，特别是改革开放 40 多年来，江西与全国各地一样，在粮食的数量、种类、品质等方面不断改进、提升，粮食生产的社会效益越来越好。

（3）生态效益佳。粮食生产高质量发展能否长久，能否长期坚持下去，这取决于粮食生产的生态效益。要实现江西粮食生产高质量发展、可持续发展，必然要做到生态效益佳。在粮食生产过程中，必须做到如下几点：一是节肥减药，节约资源，减少农业面源污染，保护农业生态环境；二是绿色防控，保护天敌，保护生物多样性，提高农业生态系统质量和稳定性；三是多熟种植，绿色覆盖，增大农田固碳增汇能力。

（四）高效率

提高农业资源的转化利用效率，既是实现江西粮食生产高质量发展的内在要求，也是江西粮食生产高质量发展的目标与具体要求。这就要求在生产实践中做到以下几点。

（1）减少资源投入。农业生产、粮食生产的本质是资源的转化利用。减少化肥、农药、农膜、农机等资源的投入，并提高其转化利用效率，既可避免以往“大进大出”生产方式带来的资源浪费，又可减少环境污染，有利于粮食生产走绿色发展之路。

（2）资源循环利用。将粮食生产过程中产生的“副产品”“副产物”，（如作物秸秆、流失的水土等）充分收集起来，按循环农业的思路和方法，进行资源化、无害化处理，从而再利用、再循环，必将大幅提高资源利用效率[38]。

（3）运用现代高新技术，改进生产方式和方法。要将现代信息化技术、数字化技术、智能化技术应用于粮食生产的资源利用与转化过程中，实行“减量投入”“适量投入”“精准投入”，从而实现“减投增效”之功效。

（五）高性能

现代化的、高性能的农业机械，对提高江西粮食生产效率和水平、推进江西粮食生产高质量发展起着重要作用。这就要求在生产实践中做以下几点。

（1）进一步加快江西粮食生产的机械化进程，要在全省全部粮食作物生产过程中实现全程、全域机械化。

（2）以信息技术为手段，提高全省农机服务规范化、智慧化水平。一方面，搭建信息化与农机服务融合发展的框架，提升农机服务管理效率和规范化水平；另一方面，加快现代信息技术在农业机械中的有效运用，实现农业机械作业过程信息化。引导农业机械配备 GPS 导航、传感器、辅助驾驶等终端，利用信息采集系统实现精准作业和智慧服务。

（3）注重学习国外（特别是发达国家）农业机械化的经验，还要学习国内发达地区（如江苏）在粮食生产机械化方面的经验和做法。只有这样，在江西粮食生产过程中实现农业机械高性能作业和服务的目标才能实现。

（六）高素质

“人才资源是第一资源”。要实现江西粮食生产高质量发展，必须充分依靠人的积极性、主动性和创造性。没有高素质的人才，就不可能实现高质量发展。这就要求在生产实践中做到以下几点。

（1）培养专业科技人才。要大力培养粮食生产领域的专业技术人才，开展江西粮食生产领域的技术研发，如品种选育、土壤改良、耕作制度改革、栽培技术改进、新肥料研制等。

（2）培养农村乡土人才和农民致富带头人。大力实施新型职业农民培育和“一村一名大学生”工程，培养江西各地“看得见、留得住、用得上、扛得起”的从事粮食生产的农民和农村技术员，他们是推动江西粮食生产高质量发展的主力军。

（3）从国外、省外引进粮食生产和技术研发的人才。充分发挥外来人才的智慧和作用，让外来人才成为江西粮食生产高质量发展的建设者、实践者、贡献者。

参 考 文 献

[1] 人民日报评论员．“十四五”时期我国发展必须遵循的重要原则：论学习贯彻党的十九届五中全会精神[N]．人民日报，2020-11-01（1）．

[2] 中共中央，国务院．中共中央 国务院关于新时代推动中部地区高质量发展的意见[N]．人民日报，2021-07-23（1）．

[3] 农业农村部农业生态与资源保护总站．农业农村减排固碳十大技术模式[J]．农学学报，2021，11（12）：13．

[4] 赵颖文，许钰莎，刘强．“双循环”战略背景下我国粮食安全的基本形势辨析及其发展应对[J]．农业经济与管理，2021（4）：39-47．

[5] 余艳锋，付江凡．高质量发展背景下推进江西规模农业发展的对策建议[J]．农业经济，2020（12）：12-14．

[6] 江枝英．推动农业农村现代化迈上新台阶[J]．当代江西，2022（6）：18-19，22．

[7] 江西省人民政府．江西省“十四五”农业农村现代化规划[J]．江西省人民政府公报，2022（7）：8-45．

[8] 中共中央办公厅，国务院办公厅．数字乡村发展战略纲要[J]．农村工作通讯，2019（11）：6-9．

[9] 中共江西省委办公厅，江西省人民政府办公厅．江西省实施数字乡村发展战略的意见[N]．江西日报，2020-06-30（6）．

[10] 周长信．充分发挥优势进一步提高水稻产量[J]．江西农业大学学报，1981（2）：82-86．

[11] 余艳锋．江西省水稻产业绿色发展面临的问题与对策建议[J]．浙江农业科学，2020，61（9）：1729-1732．

[12] 中共中央办公厅，国务院办公厅．关于创新体制机制推进农业绿色发展的意见[N]．人民日报，2017-10-01（3）．

[13] 农业农村部．农业绿色发展技术导则（2018—2030 年）[J]．中华人民共和国农业农村部公报，2018（7）：41-51．

[14] 农业农村部，国家发展和改革委员会，科学技术部，等．农业农村部等 6 部门联合印发《“十四五”全国农业绿色发展规划》[J]．中国农技推广，2021，37（9）：89．

[15] 中共中央，国务院．中共中央 国务院印发《国家标准化发展纲要》[N]．人民日报，2021-10-11（1）．

[16] 李耀文．守住良田沃土 守护粮食安全[N]．江西日报，2022-05-13（6）．
[17] 农业农村部．农业农村部关于加快发展农业社会化服务的指导意见[J]．中华人民共和国农业农村部公报，2021（8）：16-19．
[18] 佚名．“九代”服务让农民鼓腰包 得实惠[J]．中国合作经济，2021（11）：34-35．
[19] 刘长全．如何提升我国农业科技水平[EB/OL]．（2023-01-17）[2024-02-01]．http://www.nopss.gov.cn/n1/2023/0117/c219544-32608285.html.
[20] 常钦，毕京津，高云才．农业现代化迈上新台阶（走进乡村看小康）[N]．人民日报，2021-07-19（1）．
[21] 马爱平．十年来，我国农业现代化建设迈上新台阶[N]．科技日报，2022-06-28（2）．
[22] 胡晓军，薛斌．“江南粮仓”是怎样筑成的[N]．光明日报，2022-08-05（1）．
[23] 江西省人民政府．江西省“十四五”农业农村现代化规划[J]．江西省人民政府公报，2022（7）：8-45．
[24] 李耀文．扛起粮食主产区的责任与担当：我省统筹抓好疫情防控与农业生产确保粮食安全[N]．江西日报，2022-04-18（5）．
[25] 李耀文．农业科技进步贡献率达到61.5%[N]．江西日报，2022-08-12（1）．
[26] 王莉莉．入世20周年，中国农业成为世贸“优等生”[J]．中国对外贸易，2021（11）：28-29．
[27] 中国国际经济交流中心课题组．新时期我国农业对外开放与高质量发展问题研究[J]．全球化，2022（1）：5-26．
[28] 国务院．中共中央关于制定国民经济和社会发展第十三个五年规划的建议（二〇一五年十月二十九日中国共产党第十八届中央委员会第五次全体会议通过）[N]．人民日报，2015-11-04（1）．
[29] 中共中央，国务院．中共中央 国务院关于抓好“三农”领域重点工作确保如期实现全面小康的意见[N]．经济日报，2020-02-06（1）．
[30] 中共中央，国务院．中共中央 国务院关于全面推进乡村振兴加快农业农村现代化的意见[N]．人民日报，2021-02-22（1）．
[31] 中共中央，国务院．中共中央 国务院关于做好二〇二二年全面推进乡村振兴重点工作的意见[N]．人民日报，2022-02-23（1）．
[32] 喻志勇，刘福元．江西稻谷产业高质量发展研究[J]．中国粮食经济，2020（4）：11-12．
[33] 黄国勤．论江西省田塍资源及其开发利用[J]．长江流域资源与环境，1994，3（2）：127-131．
[34] 黄国勤．江西冬季农业开发模式及关键技术[M]．北京：中国农业出版社，2009．
[35] 黄国勤，张桃林．中国南方冬季农业的战略地位及开发模式[J]．土壤，1998（2）：70-75．
[36] 黄国勤．论开发南方秋季农业[J]．古今农业，1997（3）：64，65-75．
[37] 涂从勇，王重荣，林绿，等．优质稻品种美香占2号产业化经验及启示[J]．中国稻米，2022，28（4）：99-102．
[38] 黄国勤．循环农业理论与实践[M]．北京：中国环境出版社，2015．

附　　录

附录一　江西省人民政府关于防止耕地“非粮化”稳定粮食生产的实施意见*

赣府发〔2021〕3号　2021年2月2日

各市、县（区）人民政府，省政府各部门：

为贯彻落实《国务院办公厅关于防止耕地“非粮化”稳定粮食生产的意见》（国办发〔2020〕44号）精神，坚决遏制耕地“非农化”、防止“非粮化”，稳定粮食生产，牢牢守住粮食安全的生命线，现提出以下实施意见。

一、总体要求

（一）指导思想。以习近平新时代中国特色社会主义思想为指导，深入贯彻落实党的十九大和十九届二中、三中、四中、五中全会精神，增强“四个意识”、坚定“四个自信”、做到“两个维护”，认真落实党中央、国务院决策部署和省委、省政府工作要求，贯彻落实新发展理念，努力构建新发展格局，采取有力举措防止耕地“非粮化”，切实稳定粮食生产，牢牢守住国家粮食安全的生命线。

（二）工作目标。认真落实重要农产品保障战略，进一步优化区域布局和生产结构，实施最严格的耕地保护制度，科学合理利用耕地资源，防止耕地“非粮化”，切实提高保障国家粮食安全和重要农产品有效供给水平。毫不放松抓好粮食生产，推动“藏粮于地、藏粮于技”落实落地，巩固提升粮食综合生产能力，落实好国家下达我省的耕地保护目标任务，完成国家下达我省的高标准农田新建和改造提升任务，稳定粮食播种面积，确保粮食总产430亿斤以上，持续为全国作出“江西贡献”。

二、主要任务

（三）明确耕地利用优先序。对耕地实行特殊保护和用途管制，严格控制耕地转为林地、园地等其他类型农用地。永久基本农田是依法划定的优质耕地，要重点用于发展粮食生产，特别是保障稻谷种植面积。一般耕地应主要用于粮食和蔬

---

* 原载《江西省人民政府公报》2021年第5、6期第4～6页。

菜、油、棉、糖等农产品及饲草饲料生产。耕地在优先满足粮食和食用农产品生产基础上，适度用于非食用农产品生产，对市场明显过剩的非食用农产品，要加以引导，防止无序发展。**（省农业农村厅、省自然资源厅按职责分工负责，以下职责各市、县〔区〕政府均有涉及不再单独列出）**

（四）加强粮食生产功能区监管。各市、县（区）要把粮食生产功能区落实到地块，引导种植目标作物，保障粮食种植面积。组织开展粮食生产功能区划定情况“回头看”，对粮食种植面积大且划定面积少的进行补划，对耕地性质发生改变、不符合划定标准的予以剔除并及时补划。引导粮食生产功能区至少生产一季粮食，种植非粮作物的要在一季后能够恢复粮食生产。不得擅自调整粮食生产功能区，不得违规在粮食生产功能区内建设种植和养殖设施，不得违规将粮食生产功能区纳入退耕还林还草范围，不得在粮食生产功能区内超标准建设农田林网。**（省农业农村厅、省自然资源厅按职责分工负责）**

（五）有序引导工商资本下乡。鼓励和引导工商资本到农村从事良种繁育、粮食加工流通和粮食生产专业化社会化服务等。各市、县（区）要落实好农村土地经营权流转管理办法和工商资本流转土地资格审查和项目审核制度，强化租赁农地监测监管，对工商资本违反相关产业发展规划大规模流转耕地不种粮的“非粮化”行为，一经发现要坚决予以纠正，并立即停止其享受相关扶持政策。**（省农业农村厅负责）**

（六）严禁违规占用永久基本农田种树挖塘。贯彻土地管理法、基本农田保护条例有关规定，落实耕地保护目标和永久基本农田保护任务。严格规范永久基本农田上农业生产经营活动，禁止占用永久基本农田从事林果业以及挖塘养鱼、非法取土等破坏耕作层的行为，禁止闲置、荒芜永久基本农田。利用永久基本农田发展稻渔、稻虾、稻蟹等综合立体种养，应当以不破坏永久基本农田为前提，沟坑占比要符合稻渔综合种养技术规范通则标准。推动制订和完善相关法规规章，依法明确对占用永久基本农田从事林果业、挖塘养鱼等的处罚措施。**（省自然资源厅、省农业农村厅按职责分工负责）**

（七）严格落实粮食安全省长责任制。各市、县（区）政府要切实承担起保障本地区粮食安全的主体责任，稳定粮食种植面积，完成粮食生产目标任务。要坚决遏制住耕地“非粮化”增量，同时对存量问题摸清情况，从实际出发，分类稳妥处置，不搞“一刀切”。省发展改革委、省农业农村厅、省粮食和储备局等部门要将防止耕地“非粮化”作为考核设区市粮食安全省长责任制重要内容，提高粮食种植面积、产量和高标准农田建设等考核指标权重。严格考核并强化结果运用，对成绩突出的设区市进行表扬，对落实不力的设区市进行通报约谈，并与相关支持政策和资金相衔接。**（省发展改革委、省粮食和储备局、省农业农村厅按职责分工负责）**

（八）**完善粮食生产支持政策。**落实好产粮（油）大县奖励、统筹整合高标准农田建设、耕地地力保护补贴等政策，着力保护和调动地方各级政府重农抓粮、农民务农种粮的积极性。将省域内高标准农田建设产生的新增耕地指标调剂收益优先用于农田建设再投入和债券偿还、贴息等。加大粮食生产功能区政策支持力度，相关农业资金向粮食生产功能区倾斜，优先支持粮食生产功能区内目标作物种植，加快把粮食生产功能区建成“一季千斤、两季一吨”的高标准粮田。加强对种粮主体的政策激励，支持家庭农场、农民合作社发展粮食适度规模经营，大力推进代耕代种、统防统治、土地托管等农业生产社会化服务，推动健全农业社会化服务体系，提高种粮规模效益。完善稻谷最低收购价政策，继续实施稻谷补贴，落实水稻大灾保险政策，鼓励探索开展水稻完全成本保险，研究推进水稻收入保险试点。积极开展粮食生产薄弱环节机械化技术试验示范，着力解决水稻机插等瓶颈问题，加快丘陵山区农田宜机化改造。支持建设粮食产后烘干、加工设施，延长产业链条，提高粮食经营效益。（**省农业农村厅、省财政厅、省发展改革委按职责分工负责**）

三、工作要求

（九）**加强组织领导。**各地、各有关部门要提高政治站位，站在保障国家粮食安全的高度扎实开展工作，把稳定粮食生产作为一项重大政治任务来抓，切实维护好国家粮食安全。各地要健全政府负责、部门协同、公众参与、上下联动的共同责任机制。各市、县（区）政府要切实承担起防止耕地“非粮化”稳定粮食生产的主体责任，对本行政区域内耕地保有量、永久基本农田保护面积、粮食播种面积以及粮食产量负总责。各市、县（区）政府于 2021 年 2 月底前，制定具体工作方案。各设区市政府于 3 月底前将工作方案和贯彻落实情况报送省政府，并抄送省农业农村厅、省自然资源厅。各有关部门要按照职责分工，切实做好相关工作。

（十）**加强监督检查。**各地要坚持问题导向和目标导向，抓住问题关键，围绕实现防止耕地“非粮化”稳定粮食生产长远目标，常抓不懈，久久为功。要定期排查耕地“非粮化”、“非农化”、抛荒等情况，严格农田用途管制，要以“零容忍”态度严厉查处耕地“非粮化”违法违规行为。要加强对本区域耕地种粮情况进行动态监测评价，发现问题及时整改，重大情况及时报告。定期对粮食生产功能区内目标作物种植情况进行监测评价，实行信息化、精细化管理，及时更新电子地图和数据库。省自然资源厅、省农业农村厅要加大土地执法监督检查力度，严肃查处各种违法违规占用耕地行为。

（十一）**加强宣传引导。**各地要搞好防止耕地“非粮化”稳定粮食生产宣传，进一步营造保护耕地、发展粮食生产的良好氛围。加强典型宣传推介，推广先进经验做法，引导种粮主体和农户积极发展粮食生产。

附录二　江西省人民政府办公厅关于做好稳定粮食生产工作的通知*

赣府厅字〔2020〕12号　2020年1月31日

各市、县（区）人民政府，省政府各部门：

粮食安全事关经济发展、国家安定和全面建成小康社会全局，稳定发展粮食生产意义重大。为切实抓好粮食生产，确保粮食面积和产量稳定，经省政府同意，现提出如下意见。

一、提高认识，切实增强粮食安全底线意识。民以食为天，粮稳天下安。习近平总书记多次强调，中国人的饭碗任何时候都要牢牢端在自己手上，坚守住“谷物基本自给、口粮绝对安全”的战略底线。习近平总书记两次视察江西时都明确指出，要夯实粮食生产基础，巩固粮食主产区地位，稳定粮食生产。各地、各有关部门务必深刻理解守住“口粮绝对安全”战略底线的重大意义，认识到巩固江西粮食主产区地位，是以习近平同志为核心的党中央交给江西的重大政治任务，必须不折不扣认真完成。要切实把思想和行动统一到习近平总书记重要讲话精神上来，始终牢记总书记殷殷嘱托，落实中央农村工作会议精神，毫不动摇抓好粮食生产，扛起粮食安全重任，确保我省粮食主产区地位不动摇。

二、紧盯目标，压紧压实稳粮属地责任。巩固江西粮食主产区地位，保障国家粮食安全，是省、市、县、乡各级政府共同的属地责任。各级政府要切实担负起保障本地区粮食安全的主体责任，明确工作目标，强化工作举措，加强督促指导，确保粮食生产各项工作落到实处。各地要以省里下达的年度粮食播种面积、产量为目标，层层分解任务，落实到田间地块，做到应种尽种、宜种尽种，保障粮食生产任务顺利完成。要始终把稳定粮食生产作为政府重要工作任务，在政策制定、工作部署、资金投入上予以倾斜。要强化属地责任落实，政府主要负责同志负总责，亲自研究、亲自部署粮食生产。要加强督促指导，协调解决粮食生产中遇到的困难问题。各级政府相关部门要加强统筹协调，形成稳粮工作合力，及早谋划工作思路，制定强农惠农政策，落实粮食生产扶持举措。

三、完善政策，着力调动农民种粮积极性。巩固农业“三项补贴”改革成果，推进耕地地力保护补贴、稻谷补贴政策与农民保护耕地责任相挂钩，充分调动农民种粮积极性。严格执行耕地地力保护补贴政策，实行抛荒地与耕地地力保护补

* 原载《江西省人民政府公报》2020年第4期第47～48页。

贴资金相挂钩的原则，对弃耕抛荒超过两年（含两年）的耕地，暂停该承包户抛荒耕地地力保护补贴发放，待复耕后重新纳入补贴范围。完善稻谷补贴政策，稳定粮食种植效益，破解季节性耕地抛荒难题。水稻绿色高质高效创建、农业生产社会化服务等农业项目资金要向早稻倾斜，用于早稻集中育秧、机插等关键环节的扶持，示范引导早稻种植，全力稳定早稻面积。各地要充分发挥乡村两级组织推进耕地流转的主导作用，对季节性抛荒和常年抛荒耕地，在保持原承包户的土地承包权的前提下，可由村集体依法依规协调流转，采取代耕代种、集中流转等形式开展生产。各地要在产粮大县奖励资金中安排不少于20%的资金，重点扶持早稻生产，确保早稻面积稳定。认真落实国家稻谷最低收购价政策，保持粮食收购市场平稳。进一步落实稻谷保险和金融支持政策，着力解决理赔难、赔付低和贷款难、贷款贵等突出问题，切实减轻农民种粮风险。

四、多措并举，切实稳定粮食产量产能。要采取有力措施、用好补贴政策，确保完成年度目标任务。要突出抓好早稻生产，特别是早稻面积减幅较大的县（市、区），早谋划、早部署、早落实，确保早稻面积稳定在1800万亩以上、双季稻面积稳定在3600万亩以上。对偏远山区、地力条件较差、机械作业较难的耕地，积极引导农民种植玉米、薯类等高效稳产粮食作物，作为粮食面积和产量的有效补充。积极发展订单模式，推广品质好、产量高的籼粳杂交稻、再生稻，力争全省优质稻订单面积1300万亩以上。要夯实粮食生产基础，进一步完善农田水利设施，推进农业水价综合改革，保障农田水利工程长久良性运行。扎实推进高标准农田建设，确保当年施工、按时完成，并结合粮食生产功能区划定成果，优先安排粮食生产。坚守最严格的耕地保护制度，确保全省耕地保有量不低于4391万亩、永久基本农田不低于3693万亩。加强土地执法监管，坚决遏制耕地违法违规利用，切实纠正永久基本农田种植草皮、花卉苗木等现象。规范引导稻渔综合种养，禁止在永久基本农田内开挖建设小龙虾专业繁殖基地，高标准农田建设项目资金不得用于稻渔综合种养挖沟（坑）、筑堤等补助。要强化粮食生产科技支撑，主动适应气候变化，合理调整播期和品种，提高粮食增产增效气候潜力，积极推广水稻绿色高质高效技术等增产技术，在关键农时节点组织专业技术力量开展指导服务，提升粮食单产水平。大力推广水稻机播、机插、机防、机烘等农机集成组装技术。牢固树立抗灾夺丰收思想，加强自然灾害和重大病虫害监测预警，及时发布监测信息，提前做好防范准备，强化农情灾情调度，落实农业生产救灾资金，大力推进病虫害统防统治和绿色防控，切实降低灾害损失。

五、强化考核，切实提高粮食生产绩效比重。突出粮食安全考核指挥棒作用，落实国家粮食安全省长责任制考核要求，提高对各地粮食播面和产量考核比重，特别是加大对早稻的考核力度，强化对稳定粮食生产目标任务的硬约束。加强乡村振兴战略实绩考核和高质量发展考核的稳粮作用。强化考核结果应用，将考核结果与产粮大县奖励资金、农业项目安排等奖补措施挂钩。建立抛荒地台账制度，对落实不力的县（市、区）进行通报约谈。

附录三 江西省人民政府办公厅关于全力以赴做好粮食生产工作的通知*

赣府厅发〔2022〕7号 2022年2月25日

各市、县（区）人民政府，省政府各部门：

为深入贯彻习近平总书记关于保障粮食安全的重要指示批示精神，认真落实党中央、国务院决策部署，扎实做好2022年粮食生产工作，确保粮食面积和产量稳定，经省政府同意，现将有关事项通知如下。

一、坚决扛稳粮食安全政治责任。各地、各有关部门要提高政治站位，深刻理解保障国家粮食安全的重大意义，切实担负起保障粮食安全的主体责任，始终把稳定粮食生产作为重要工作任务，毫不放松抓好粮食生产，确保我省粮食主产区地位不动摇。严格落实党政同责要求，建立地方党委和政府领导班子及其成员粮食安全责任制，地方党委和政府主要负责人是本地区粮食安全工作第一责任人，领导班子其他成员对分管行业或领域内的粮食安全工作负责。突出粮食安全责任制考核“指挥棒”作用，加强乡村振兴战略实绩考核和高质量发展考核稳粮作用，强化对稳定粮食生产目标任务的硬约束。注重考核结果应用，将考核结果与产粮大县奖励资金、农业项目安排等奖补措施挂钩。

二、稳定粮食播种面积和产量。各地、各有关部门要以省级下达的年度粮食面积、产量任务为目标，及时分解落实任务，细化落实到田，确保全省粮食面积稳定在5659.3万亩以上、粮食总产稳定在439亿斤以上。扎实推进夏粮生产，确保夏粮首战告捷。稳定双季稻种植，突出抓好早稻生产，坚决杜绝为完成任务一种了之、只种不管、套取奖补等现象，确保早稻面积稳定在1830万亩以上。在保证水稻播种面积稳定的前提下，深入挖掘旱地潜力，积极发展薯类、玉米和大豆等旱粮作物。逐级登记造册，建立粮食生产任务落实情况台账。

三、加快提升粮食单产。大力开展绿色高质高效行动，选育绿色优质新品种，加大力度推广水稻“三控”绿色节本增效、绿色防控和统防统治等一批农业主推技术模式，以及早稻早播早育、优质晚稻早种、增施穗粒肥、冬闲田翻耕等单项技术，着力提升粮食单产水平。调优早稻品种结构，优化集成推广稻油轮作、稻薯轮作及其他“水稻+”技术模式。大力推进早稻集中育秧，抓好集中育秧示范点建设。深入推进粮食生产全程机械化，新建一批全程机械化综合农事服务中心、水稻机械化育秧中心，大力推广机插、机抛、机防、机烘等农机化集成技术。推

* 原载《江西省人民政府公报》2022年第10期第31～35页。

广粮食机收减损技术应用。科学推进农业防灾减灾，加强水资源监控调度，强化农情灾情调度，大力推进病虫害统防统治和绿色防控，加大重要农事季节的人工影响天气作业力度，切实降低灾害损失。

四、抓好农资供应和市场监管。加强种子市场价格和供求数量监测工作，及时掌握种子市场行情，提高市场调控能力，确保水稻供种需求。做好化肥等农资生产储备调运，扩大储备规模，优化投放机制，促进保供稳价。进一步加大农资市场执法力度，适时开展农资打假，组织开展种业监管执法年活动，严厉打击制售假劣农资、破坏市场秩序、侵害农民利益等违法行为。

五、严格落实耕地保护硬措施。加快317万亩在建高标准农田建设进度，确保春播前保质保量完成田间工程建设。科学推进2022年度290万亩项目建设，支持在旱地、丘陵山区整县、整乡推进高标准农田建设。坚决遏制耕地“非农化”、严格管控耕地“非粮化”，高标准农田原则上全部用于粮食生产，严格落实耕地利用优先序。压实压紧抛荒地治理属地责任，推进有条件的抛荒地全面恢复耕种，鼓励和支持村集体经济组织依法统一流转抛荒地给龙头企业、种粮大户、专业合作社等新型经营主体耕种。制定辖区内受污染耕地安全利用年度工作计划，明确安全利用技术措施，以县为单位全面推进落实，严格管控类耕地严禁种植水稻及其他食用农产品。

六、培育壮大稻米产业。支持家庭农场、农民合作社、农业产业化龙头企业多种粮、种好粮。聚焦关键薄弱环节和小农户，加快发展农业社会化服务，支持农业服务公司、农民合作社、农村集体经济组织、基层供销合作社等各类主体大力发展单环节、多环节、全程生产托管服务，开展订单农业、加工物流、产品营销等，提高种粮综合收益。着力调优粮食品种结构，积极发展优质稻种植，扩大优质稻比重，提高种植效益。深入实施优质粮食工程，推进稻米区域公用品牌建设和赣产“中国好粮油”行动，打造鄱阳湖稻米产业集群，着力培育壮大稻米产业链，加快稻米产业转型升级。

七、全面落实粮食支持政策。健全辅之以利、辅之以义保障机制，落实支持双季稻生产政策，统筹用好土地出让收入支持粮食生产。及时发放耕地地力保护补贴、稻谷补贴等补贴资金。产粮大县和非产粮大县都要安排一定资金，直接用于粮食生产。鼓励产粮大县奖励资金不少于20%安排用于粮食生产，重点支持早稻生产，稳定双季稻种植。优化完善农机购置补贴政策，加快补贴资金兑付，将全部水稻生产机具及适宜江西的旱粮耕作机具纳入补贴机具种类范围。创新适合粮食规模经营主体的金融信贷产品，拓宽粮食生产的贷款渠道。实现水稻完全成本保险产粮大县全覆盖，进一步提升农业保险保障水平。督促水稻保险承保机构建立健全自然灾害快速响应机制，推动水稻保险精准承保、精准理赔。全面落实稻谷最低收购价政策，及早谋划仓容和资金筹备，及时启动最低收购价执行预案，防止出现农民“卖粮难”。

八、健全粮食生产工作机制。各地要及时制定抓好本地粮食生产的工作举措，通过各种形式尽早尽快向基层传达稳粮抓粮的强烈信号，指导基层抓紧抓牢抓实粮食生产。发挥好责任包干、代耕代种、驻点帮扶、督促指导等有效工作机制作用协调解决粮食生产中遇到的困难问题。各相关部门要加强统筹协调，落实粮食生产扶持举措，形成稳粮工作合力。积极探索完善粮食统计调查指标和调查方法，加强数据的科学评估以及数据采集、审核和评估等生产全流程质量控制，根据耕地种植实际情况，及时开展产量调查，确保粮食作物面积、产量全面统计到位，如实客观反映我省粮食作物生产情况。

附件：

2022 年全省粮食生产目标任务情况表

市（县、区）	约束性任务		指导性任务	备注
	粮食面积/万亩	粮食产量/亿斤	早稻面积/万亩	
江西省合计	5659.3	439	1830	
南昌市	517.36	42.9	194.3	
南昌县	206.14	17.6	84.1	含南昌高新技术产业开发区
进贤县	130.17	10.19	53.4	
安义县	40.45	3.72	7	
东湖区	0.44	0.03	0.05	
青山湖区	1.92	0.16	0.5	含南昌经济技术开发区原属区域
新建区	135.84	11	48.75	含南昌经济技术开发区原属区域、湾里管理局、赣江新区新建组团
红谷滩区	2.4	0.2	0.5	
九江市	411.1	29.2	56.5	
修水县	70.86	5.24	9.3	
武宁县	43.92	3.17	1.7	含庐山西海原属区域
瑞昌市	26.35	1.97	2.6	
都昌县	76.43	5.3	26.3	
湖口县	23.83	1.59	4	
彭泽县	34.34	2.24	1.7	
永修县	56.84	4.21	8.5	含赣江新区永修组团、庐山西海原属区域
德安县	20.12	1.43	0.6	
共青城市	11.44	0.79	0.6	

续表

市（县、区）	约束性任务		指导性任务	备注
	粮食面积/万亩	粮食产量/亿斤	早稻面积/万亩	
庐山市	15.77	1.14	0.7	
柴桑区	24.73	1.7	0.4	含九江开发区、八里湖新区
濂溪区	6.47	0.42	0.1	
景德镇市	143.31	11.14	28	
乐平市	93.25	7.41	25.6	
浮梁县	42.42	3.18	1.8	
昌江区	7.64	0.55	0.6	
萍乡市	112.26	10.04	8	
安源区	4.43	0.37	0.2	
湘东区	22.84	2.14	1.7	
芦溪县	25.52	2.26	1.6	含武功山风景区
上栗县	27.64	2.47	1.9	
莲花县	31.83	2.8	2.6	
新余市	153.34	11.27	54.2	
分宜县	44	3.2	11	
渝水区	109.34	8.07	43.2	含新余高新技术产业开发区、仙女湖区
鹰潭市	187.48	13.51	70.9	
贵溪市	107.94	7.47	40.2	含龙虎山景区
余江区	72.9	5.52	30.4	
月湖区	6.64	0.52	0.3	含鹰潭高新技术产业开发区、信江新区
赣州市	754.61	52.82	216	
章贡区	10.42	0.81	4.41	含赣州经济技术开发区原属区域、蓉江新区
南康区	54.93	4.28	19.23	含赣州经济技术开发区原属区域
赣县区	55.26	3.68	16.81	
信丰县	70.19	4.86	19.42	
大余县	24.33	1.83	6.31	
上犹县	23.17	1.98	7.32	
崇义县	9.29	0.77	1.05	
安远县	36.17	2.18	9.94	
龙南市	18.23	1.26	6.61	
全南县	16.69	1.3	4.28	
定南县	15.68	1.11	5.7	
兴国县	83.77	5.44	26.62	
宁都县	107.49	7.8	26.11	
于都县	72.51	4.61	23.5	

续表

市（县、区）	约束性任务		指导性任务	备注
	粮食面积/万亩	粮食产量/亿斤	早稻面积/万亩	
瑞金市	52.26	3.85	14.19	
会昌县	44.72	3.28	13.88	
寻乌县	20.01	1.28	5.15	
石城县	39.49	2.5	5.74	
宜春市	920.59	75.42	357.8	
袁州区	94.13	7.11	33.1	含明月山景区
樟树市	125.52	10.44	53.2	
丰城市	247.8	20.25	104.4	
靖安县	20.27	1.73	3.8	
奉新县	67.88	5.59	23	
高安市	164.1	13.8	67.3	
上高县	65.47	5.31	27.5	
宜丰县	57.53	4.93	19.3	
铜鼓县	11.52	0.94		
万载县	66.37	5.32	26.2	
上饶市	871.5	65.86	250.1	
信州区	8.64	0.7	0.1	
广丰区	53.01	3.67	1.1	
广信区	33.98	2.76	1.2	含上饶经济技术开发区
玉山县	52.19	4.28	7.4	含三清山景区
铅山县	41.22	3.32	1.6	
横峰县	17.66	1.59	1	
弋阳县	55.91	4.1	18.7	
余干县	203.72	15.01	85	
鄱阳县	278.1	20.8	107.9	
万年县	68.22	5.13	22.8	
婺源县	29.09	2.26		
德兴市	29.76	2.24	3.3	
吉安市	960.27	74.4	379.7	
吉州区	29.25	2.1	13	
青原区	31.5	2.52	13.7	
井冈山市	26.41	1.91	1.1	
吉安县	103.83	8.2	45.8	
吉水县	129.21	10.27	52	
新干县	78.34	6.27	34.3	
永丰县	89.72	6.64	36.7	

续表

市（县、区）	约束性任务		指导性任务	备注
	粮食面积/万亩	粮食产量/亿斤	早稻面积/万亩	
峡江县	54.16	4.18	23.2	
泰和县	129.91	9.98	55	
万安县	60.04	4.56	27.5	
遂川县	67.83	5.26	21.7	
安福县	87.69	6.75	34.6	
永新县	72.38	5.76	21.1	
抚州市	627.48	52.44	214.5	
临川区	153.05	11.9	65.24	含抚州高新技术产业开发区、东临新区原属区域
东乡区	83.01	7.06	32.31	含东临新区原属区域
南城县	56.96	5.12	20.05	
黎川县	36.46	3.04	6.86	
南丰县	19.13	1.54	3.72	
崇仁县	63.46	5.34	22.8	
乐安县	71.73	5.85	27	
宜黄县	35.75	3.12	6.1	
金溪县	73.97	6.46	26.8	
资溪县	8.6	0.74	0.3	
广昌县	25.36	2.27	3.32	

附录四　江西省人民政府办公厅关于切实加强高标准农田建设巩固粮食主产区地位的实施意见*

赣府厅发〔2020〕14号　　2020年4月3日

各市、县（区）人民政府，省政府各部门：

为贯彻落实《国务院办公厅关于切实加强高标准农田建设提升国家粮食安全保障能力的意见》（国办发〔2019〕50号）精神，夯实粮食生产基础，巩固江西粮食主产区地位，大力推进高标准农田建设，经省政府同意，现提出以下实施意见。

一、总体要求

（一）指导思想。以习近平新时代中国特色社会主义思想为指导，深入学习贯彻党的十九大和十九届二中、三中、四中全会精神，从更高层次贯彻落实习近平总书记对江西提出的“要夯实粮食生产基础，巩固粮食主产区地位”的重要要求，全面落实省委十四届十次全会提出的工作方针和战略部署，紧紧围绕实施乡村振兴战略，推动藏粮于地、藏粮于技，以提升粮食产能为首要目标，加大资金投入，强化监督管理，大力推进高标准农田建设，巩固我省粮食主产区地位。

（二）基本原则。

1．夯实基础，确保产能。突出粮食生产功能区和重要农产品保护区，新建和改造提升相结合，着力完善农田基础设施，提升耕地质量，稳步提高粮食生产能力。

2．因地制宜，综合治理。严守生态保护红线，强化规划引领，科学确定高标准农田建设布局、标准和内容，推进田水林路电综合配套，夯实农业生产基础。

3．依法严管，良田粮用。稳定农村土地承包关系，强化用途管控，依法严格管理，建立健全激励和约束机制，支持高标准农田主要用于粮食生产。

4．政府主导，多元参与。切实落实市县政府主体责任，持续加大资金投入，构建部门配合、运转高效的工作推进机制。积极引导社会力量和农民群众参与高标准农田建设。

---

* 原载《江西省人民政府公报》2020年第9期第7～10页。

（三）目标任务。到 2020 年，全省建成 2825 万亩集中连片、旱涝保收、节水高效、稳产高产、生态友好的高标准农田；“十四五”期间，新建高标准农田 600 万亩左右，提质改造 900 万亩左右，确保已建成的高标准农田建后管护全覆盖，确保已建成的高标准农田耕地质量监测全覆盖；到 2035 年，通过持续改造提升和长效管护，全省高标准农田保有量和质量进一步提高，不断夯实粮食安全保障基础。

二、落实集中统一高效管理新体制

（四）统一规划布局。对全省“十二五”以来建成高标准农田开展专项清查，全面摸清各地高标准农田数量、质量、分布和利用状况。对接国家高标准农田建设规划，修编省、市、县高标准农田建设规划，加快区域化整体推进高标准农田建设。优先在永久基本农田、粮食生产功能区、重要农产品保护区集中力量建设高标准农田。优先支持全域土地综合整治地区、铁路沿线、国道沿线、高速公路沿线和贫困地区以及工作基础好的地区建设高标准农田。**（省农业农村厅、省发展改革委、省财政厅、省自然资源厅、省水利厅和地方各级人民政府按职责分工负责。以下均需地方各级人民政府负责，不再列出）**

（五）统一建设标准。根据国家修订的分区域分类型高标准农田建设标准，研究制定我省高标准农田建设地方标准及定额地方标准，建立耕地质量监测评价地方标准。各地可依据省编制的农田建设标准，结合灌溉水源，因地制宜开展高标准农田建设。综合考虑农业农村发展要求、市场价格变化等因素，适时调整建设内容和投资标准。在确保完成新增高标准农田建设任务的基础上，鼓励市、县结合实际，对照标准规范，加大财政投入，对 2011—2016 年建成并已上图入库的高标准农田进行改造提升。**（省农业农村厅、省发展改革委、省财政厅、省水利厅、省市场监管局按职责分工负责）**

（六）统一组织实施。及时分解落实全省高标准农田建设年度任务，同步发展高效节水灌溉。市县要根据省分解下达的年度建设任务，规范开展项目前期准备、申报审批、规划设计、招标投标、工程施工和监理、竣工验收、监督检查、移交管护等工作，确保建设进度和质量。鼓励先流转再建设，支持已流转耕地、流转积极性高的地方建设高标准农田，积极引导建成的高标准农田规模流转。支持新型农业经营主体以“先建后补”方式申报实施高标准农田建设项目。充分发挥农民主体作用，调动农民参与高标准农田建设积极性。加强项目建设内容、建设单位、建设时间等信息公开，接受社会监督。**（省农业农村厅、省发展改革委、省财政厅、省水利厅按职责分工负责）**

（七）统一验收考核。建立健全“定期调度、对接督导、挂点督查”的任务落实机制，将高标准农田建设情况列入市县高质量发展、乡村振兴和粮食安全省长责任制考核的重要内容。项目验收实行县级自验自评、市级全面验收和省级绩效考评的评价制度，将高标准农田建设项目初步设计审批、竣工验收下放至设区市农业农村部门。强化评价结果运用，对考评综合排名靠前的进行奖励，对工作不力或未完成任务的进行通报批评和约谈处罚。**（省农业农村厅、省发展改革委、省财政厅、省自然资源厅、省水利厅、省市场监管局、人行南昌中心支行、农发行江西省分行、省粮食和储备局按职责分工负责）**

（八）统一上图入库。充分利用国家遥感监控等技术成果和农田管理大数据平台，把各级各类农田建设项目立项、实施、验收、使用等各阶段相关信息上图入库，及时落实到全国农田建设“一张图”和监管系统中，实现有据可查、全程监控、精准管理、资源共享。各地要按照高标准农田上图入库操作指南要求，及时完成高标准农田上图入库工作，并做好相关数据共享和对接移交等工作。未按时完成上图入库的县，不得进行项目绩效考评。**（省自然资源厅、省发展改革委、省财政厅、省农业农村厅、省水利厅按职责分工负责）**

三、强化资金投入

（九）加强财政投入保障。各地要建立健全农田建设投入稳定增长机制，优化财政支出结构，将农田建设作为重点事项。在省级层面统筹整合中央预算内农田建设资金、农田建设财政补助资金及农业生产发展资金，同时整合省级农业综合开发补助资金、省级水利专项资金、省级新增建设用地土地有偿使用费，集中用于高标准农田建设。加大土地出让收入对高标准农田建设支持力度，地方分成新增建设用地土地有偿使用费要优先用于支持高标准农田建设。鼓励市县在省级确定的投资标准基础上，进一步加大地方财政投入，扩展整合资金来源，提高项目投资标准。**（省财政厅、省发展改革委、省农业农村厅按职责分工负责）**

（十）创新投融资模式。发挥政府投入引导和撬动作用，有序引导金融和社会资本投入高标准农田建设。在严格政府债务管理的同时，鼓励开发性、政策性金融机构结合职能定位和业务范围，支持新建和改造提升高标准农田，引导商业金融机构加大对农田建设信贷投放力度。完善政银担合作机制，加强信贷担保等政策衔接。在债务限额内，统筹债券资金支持新建和改造提升高标准农田。有条件的地方在债券发行完成前，对年度预算已安排债券资金的项目可先行调度库款开展建设，债券发行后十五日内归垫资金。鼓励市县采取财政贴息、先建后补、以奖代补等方式，引导新型经营主体投入高标准农田建设。**（省财政厅、人行南昌中**

心支行、江西银保监局、省农业农村厅按职责分工负责）

（十一）完善新增耕地指标调剂收益使用机制。将新增耕地和产能列入高标准农田建设目标，充分利用项目区内未利用地、荒芜园地、废弃地等，扩展新增耕地来源。高标准农田建设新增的耕地、旱地改水田和产能指标经核定后，及时纳入补充耕地指标库，在满足本区域耕地占补平衡需求情况下，可跨设区市调剂，调剂收益要优先用于增加高标准农田建设投入、耕地保护、补充耕地任务、壮大村级集体经济和债券偿还、贴息等。**（省财政厅、省自然资源厅、省农业农村厅按职责分工负责）**

（十二）加强示范引领。积极申报国家绿色农田建设示范，推动耕地质量保护提升、生态涵养、农业面源污染防治和田园生态改善有机融合，提升农田生态功能。针对农业生产存在的主要障碍因素，采取专项工程措施开展高标准农田建设，为相同类型区域高标准农田建设进行试验示范。在潜力大、基础条件好、积极性高的地区，推进高标准农田建设整县示范。**（省农业农村厅、省生态环境厅按职责分工负责）**

（十三）落实建后管护责任。县级政府要按照“县负总责、乡镇监管、村为主体”建后管护要求，建立农田建设管护经费合理保障机制，多渠道筹措管护经费。将高标准农田建后管护纳入年度绩效考评重要内容，压实高标准农田建后管护责任，扎实推进农业水价综合改革。调动受益主体管护积极性，确保建成工程设施正常运行。鼓励各地因地制宜，探索科学、合理、高效农田建设管护新机制。**（省农业农村厅、省发展改革委、省财政厅、省自然资源厅、省水利厅按职责分工负责）**

四、保障措施

（十四）加强组织领导。严格落实“中央统筹、省负总责、市县抓落实、群众参与”的农田建设工作机制。强化省政府主要领导负总责、分管领导直接负责的责任制，进一步强化省统筹整合资金推进高标准农田建设领导小组的统筹协调抓总作用。市级政府是高标准农田建设的落实主体，要抓好任务落实、监督检查、项目设计审批、全面验收和督促指导等工作。县级政府是高标准农田建设的责任主体，要落实好建设任务、组织实施、自验自评、建后管护等工作。农业农村部门要全面履行好农田建设集中统一管理职责。发展改革、财政、自然资源、水利、人民银行、银保监、农发行等相关部门按照职责分工，密切配合，做好规划指导、资金投入、新增耕地核定、水资源利用和管理、金融支持等工作，协同推进高标准农田建设。及时总结和推广好经验好做法，营造农田建设良好氛围。**（省农业农村厅、省发展改革委、省财政厅、省自然资源厅、省水利厅、人行南昌中心支行、**

农发行江西省分行、江西银保监局按照职责分工负责）

（十五）强化技术支撑。 进一步完善农田建设项目管理、资金管理、监督评估和监测评价等办法。加强农田建设管理和技术服务体系队伍建设，推动设立省级农田建设技术支撑单位，承担上图入库、技术审核、标准制定、调查统计、耕地质量监测等技术服务工作。市、县两级相应设立技术支撑单位，配强工作力量。各级有关部门和单位要围绕农田建设关键技术问题，开展科学研究，组织科技攻关。大力引进推广高标准农田建设先进实用技术，加强工程建设与农机农艺技术的集成和应用，推动科技创新与成果转化。加强农田建设行业管理服务，加大相关技术培训力度，提升农田建设管理水平。**（省农业农村厅、省发展改革委、省科技厅、省财政厅、省水利厅按职责分工负责）**

（十六）严格保护利用。 强化用途管控，及时将建成的高标准农田划为永久基本农田，实行特殊保护，坚决防止高标准农田“非农化”。完善种粮激励政策，建成的高标准农田主要集中用于重要农产品特别是粮食生产。严格落实高标准农田“占补平衡”制度，经依法批准占用高标准农田的，要及时补充建设数量相等、质量相当的高标准农田。对水毁等自然损毁的高标准农田，纳入年度建设任务，及时进行修复或补充。探索合理耕作制度，实行用地养地结合，加强后续培肥，防止地力下降。严禁将不达标污水排入农田，严禁将生活垃圾、工业废弃物等倾倒、排放、堆存到农田。**（省农业农村厅、省自然资源厅、省发展改革委、省财政厅、省生态环境厅按职责分工负责）**

（十七）加强风险防控。 树立良好作风，强化廉政建设，严肃工作纪律，切实防范农田建设管理风险。强化农田建设项目专项审计，对农田建设资金进行绩效管理，对在专项审计和绩效评价过程中存在重大问题的县（区），取消评先评优资格。严格跟踪问责，对履职不力、监管不严、失职渎职的，依法依规追究有关人员责任。**（省农业农村厅、省发展改革委、省财政厅、省审计厅按职责分工负责）**

附录五　江西省人民政府办公厅关于加快推进粮食生产全程机械化的实施意见*

赣府厅发〔2021〕19号　　2021年9月8日

各市、县（区）人民政府，省政府各部门：

为深入贯彻落实党中央、国务院关于推动农业机械化发展的决策部署，深入实施“藏粮于地、藏粮于技”战略，加快推进我省粮食生产全程机械化，全力保障国家粮食安全，经省政府同意，提出如下实施意见。

一、总体要求

（一）指导思想。以习近平新时代中国特色社会主义思想为指导，认真贯彻落实习近平总书记关于推动农业机械化发展的重要指示批示精神，立足保障国家粮食安全，破解农业机械化发展不平衡不充分的问题，补短板、强弱项，提升粮食生产全程机械化水平，助力全面实施乡村振兴战略，加快推进农业农村现代化。

（二）目标任务。大力实施水稻生产全程机械化“补短板”行动，坚持问题导向，以全程机械化综合农事服务中心建设为抓手，探索“政府引导、市场主导、资本融入、社会参与”的运行机制，培育壮大农业社会化服务组织，为保障国家粮食生产提供有力支撑。力争到2025年，全省主要农作物耕种收综合机械化水平达80%，建设1000个左右水稻机械化育秧中心、400个左右水稻生产全程机械化综合农事服务中心，有40个左右的县（市、区）跻身“全国基本实现主要农作物生产全程机械化示范县”行列，农业社会化服务专业化、信息化、市场化水平显著提升，全产业链覆盖的农业社会化服务体系基本形成。

二、主要任务

（三）加快推进水稻生产全程机械化。持续抓好机耕、机植保、机收、机烘等生产环节，着力补齐水稻机插短板，打通水稻生产全程机械化“最后一公里”，到2025年，水稻机械化种植水平达50%以上。充分发挥农机购置补贴政策导向作用，将适宜江西粮食等重要农产品生产所需机具全部列入财政农机购置补贴范围，做到应补尽补。对符合条件的粮食生产薄弱环节、丘陵山区特优农业生产急需机具提高补贴测算额，比例由30%提高到35%。将符合条件的水稻机械化育秧中心按成套设施设备纳入农机新产品补贴试点范围。加快粮食机械化种植技术的推广应用，探索对制约水稻机械化种植的短缺机具和成套设施设备开展省级累加补贴试

* 原载《江西省人民政府公报》2021年第20期第24～27页。

点。**（各市、县〔区〕人民政府，省农业农村厅、省财政厅等按职责分工负责，以下职责各市、县〔区〕人民政府均有涉及，不再单独列出）**

（四）培育壮大农业社会化服务组织。按照市场化运作方式，支持投资主体和服务主体，开展全程机械化综合农事服务中心建设。鼓励各类专业公司、农民合作社、供销合作社联合社、全程机械化综合农事服务中心、农村集体经济组织、服务专业户等主体开展农业社会化服务。鼓励农机产销企业、农业社会化服务组织和农机使用大户开展农机维修服务，建立农机维修、保养互助协会，引导农户做好农机维修、保养等工作。落实设施农业用地政策，优先保障全程机械化综合农事服务中心、水稻机械化育秧中心及农机集中存放、维修场点等用地需求，并按规定减免相关税费。**（省农业农村厅、省发展改革委、省自然资源厅、省供销合作社联合社、省税务局等按职责分工负责）**

（五）创新农机服务机制。因地制宜发展单环节、多环节、全程生产托管等多种服务模式，大力培育“服务主体+农村集体经济组织+小农户”“服务主体+各类新型经营主体+小农户”等多种组织形式。发挥供销、邮政等系统的优势，推动国有企业在农业社会化服务方面的龙头带动作用。强化农业社会化服务组织与种粮大户的深度融合，培育一批“农机装备全、懂技术、善经营、会管理”的水稻生产全程机械化示范户，带动小农户发展。加大对粮食生产关键薄弱环节托管服务支持力度，开展政府购买农机社会化服务试点。**（省农业农村厅、省财政厅、省供销合作社联合社、省邮政管理局等按职责分工负责）**

（六）提高农机作业便利程度。大力推进农田宜机化改造，推动高标准农田种植作物实现全程机械化。深入推进深脚田、坡地田及不宜机田块、农机具无通行道路的治理和修复等工作，科学制定基本农田上的电力、电信等设施设备的宜机化改造方案，切实改善农机通行和作业条件，提高农机适应性。提倡农田保护性耕作，鼓励使用履带式机具开展田间作业。支持丘陵山区开展农田“宜机化”改造，扩展大中型农机运用空间，加快补齐丘陵山区农业机械化基础条件薄弱的短板。**（省农业农村厅、省通信管理局、国网江西省电力公司等按职责分工负责）**

（七）构建高效机械化生产体系。加快选育、推广适于机械化作业、轻简化栽培的作物品种。将适应机械化作为农作物品种审定、耕作制度变革、产后加工工艺改进、农田基本建设等工作的重要目标，促使良种、良法、良机、良地、良制配套，为全程机械化作业、规模化生产创造条件。熟化推广一批“双季稻”“稻油”“稻稻油”“稻再油”生产全程机械化技术模式和机具配套方案，建设一批农机农艺融合示范区和全程机械化示范片，支持示范区（片）开展形式多样的机具作业现场观摩和职业技能培训等活动。充分发挥现代农业产业园、农业科技园等科技支撑引领作用，提高农业机械化科技创新能力。引导有条件的市县和垦区整建制

率先基本实现主要农作物生产全程机械化。**（省农业农村厅、省教育厅、省人力资源社会保障厅等按职责分工负责）**

（八）强化农机科技支撑。依托科研院所、高校和农机制造企业，联合国家级、省级农机研发创新资源，组建省级农机装备创新联盟。加强薄弱环节农业机械化技术创新研究和农机装备的研发、推广和应用，攻克制约农业机械化全程全面高质高效发展的技术难题。鼓励省内外农机企业强强联合、优势互补、信息共享、做大做强。支持有条件的市县，紧密结合农业产业发展需要，以优势农机装备企业为龙头，带动区域特色农机装备产业集群建设，推动农机装备产业转型升级。**（省工业和信息化厅、省农业农村厅、省科技厅、省农业科学院、江西农业大学等按职责分工负责）**

（九）加强农机人才队伍建设。大力培养、引进和使用农业机械、农业工程类专业技术人员。支持有关院校、农机企业、农机合作社等深度合作，探索“双主体”育人机制，推行学徒制人才培养模式，推进招生招工一体化。鼓励大中专毕业生、退役军人、科技人员等返乡下乡创办领办农业社会化服务组织，打造一支懂农业、爱农村、爱农民的一线农机人才队伍。强化基层农机化推广和农机监理体系建设，每个县（市、区）应配备必要的人员，从事农机化技术推广、农机安全监理和农机购置补贴业务办理等工作。强化农机人才培养，将专业机手培训纳入职业技能提升和高素质农民培育工程。**（省教育厅、省人力资源社会保障厅、省农业农村厅等按职责分工负责）**

三、保障措施

（十）加强组织领导。各市、县（区）人民政府要认真研究实施乡村振兴战略对农机装备的需求，将其作为保障国家粮食安全、推进农业农村现代化的重要内容，认真抓好落实。要建立健全由农业农村部门牵头、相关部门参与的农业机械化发展协调机制，明确部门责任，形成工作合力，破解制约农机化发展的突出问题。要科学编制“十四五”农业机械化发展规划，进一步完善农机行业管理制度和公共服务方法。**（省农业农村厅负责）**

（十一）加强政策支持。省财政统筹现有资金渠道，支持农业机械化提升行动。市县两级要进一步加强经费保障，按要求将相关经费纳入财政预算，并认真落实国家关于取消、停征和免征涉及农机行政性事业收费政策，确保各项目标任务如期完成。落实税收优惠政策，对批发和零售农机产品取得的收入，免征增值税；对农民合作社向本社成员销售的农膜、种子、种苗、农药、农机，免征增值税；对从事农机作业和维修服务项目取得的收入，免征企业所得税。加大对农机购置、农机新产品研发、农机企业技术改造、农机服务基础设施建设等信贷支持力度，因地制宜推行农机抵押、信用贷款、综合保险等业务。鼓励创设支持农业生产托管的金融产品。引导融资租赁公司对符合条件的农业相关企业开展业务。**（省财政厅、省农业农村厅、省税务局、省金融监管局等按职责分工负责）**

（十二）**加强绩效考核**。结合粮食安全省长责任制考核、高质量发展综合绩效考核和乡村振兴战略实绩考核等，重点对粮食生产耕种收综合机械化率、全程机械化示范县等进行考核，考评结果与下一年度有关专项资金分配相挂钩。对农机作业托管服务、全程机械化综合农事服务中心和水稻机械化育秧中心建设等项目，实施绩效评估，重点评估项目任务完成情况、资金落实、使用情况等，绩效评估结果与项目资金安排挂钩。推进过程中实行督促指导、情况通报、约谈诫勉制度，对工作推进不力的，进行约谈和通报。**（省农业农村厅负责）**

附录六　江西省人民政府办公厅关于印发江西省粮食收购管理办法的通知

赣府厅发〔2021〕48 号　2021 年 12 月 31 日

各市、县（区）人民政府，省政府各部门：

《江西省粮食收购管理办法》已经省政府同意，现印发给你们，请认真贯彻执行。

2021 年 12 月 31 日

江西省粮食收购管理办法

第一章　总　　则

第一条　为加强粮食收购管理，规范粮食收购市场秩序，保护粮食生产者、收购者、消费者合法权益，保障国家粮食安全，根据《粮食流通管理条例》和相关法律法规规章，结合本省实际，制定本办法。

第二条　本办法所称粮食收购，是指向种粮农民、其他粮食生产者或者粮食经纪人、农民专业合作社等批量购买粮食的活动。

第三条　在本省行政区域内从事粮食收购活动的自然人、法人和非法人组织（以下统称粮食收购者），应当遵守本办法。

第四条　粮食收购活动应当遵循合法、自愿、公平、诚信的原则，不得损害粮食生产者、消费者的合法权益以及国家和社会公共利益，并采取有效措施，防止和减少粮食损失浪费。

第五条　粮食行政管理部门负责粮食收购的行政管理和行业指导，监督有关粮食收购的法律、法规、政策及各项规章制度的执行。

第六条　粮食行政管理部门应当坚持以人民为中心的发展思想，创新服务方式、提高服务效能，积极引导多元主体入市收购，持续提升服务企业、农民水平。

粮食行政管理部门应当配备与粮食收购管理工作相适应的人员和场所，保障工作经费，保障器材设备。

第七条　粮食行政管理部门在粮食收购管理活动中要依法履行职责，严禁以非法手段阻碍粮食自由流通。

粮食行政管理部门工作人员应实干担当、廉洁自律，不得侵害粮食收购者的合法权益。

第二章　粮食收购企业备案

第八条　从事粮食收购的企业（以下简称粮食收购企业）应向收购地的县级粮食行政管理部门登记备案，备案内容包括企业名称、地址、负责人以及仓储设施等。

收购地涉及省内多个县（市、区）的，粮食收购企业可以选择省内其中一个收购地的县级粮食行政管理部门进行备案。

第九条　粮食收购企业应当具备与其收购粮食品种、数量相适应的能力。

第十条　粮食收购企业备案，应当向收购地的县级粮食行政管理部门提交下列材料：

（一）营业执照复印件；

（二）仓储设施的产权证明或者有效租赁合同；

（三）检验化验仪器和计量器具配备情况的相关材料；

（四）检验化验技术人员和保管人员配备情况的相关材料。

第十一条　粮食收购企业可以通过现场、信函、传真、电子数据交换和电子邮件等方式备案。

第十二条　备案内容发生变化的，在市场监管部门进行了变更登记的，应当在市场监管部门变更登记之日起 15 日内申请变更；其他备案内容变化的，应当在变化发生之日起 15 日内申请变更。

第十三条　县级粮食行政管理部门应当坚持公开透明、灵活高效、便民利企的原则，及时做好粮食收购备案信息收集整理工作。

第十四条　县级粮食行政管理部门现场接收粮食收购备案材料，材料齐全、符合法定形式的，应当场接收，接收即为备案；材料不齐全或不符合法定形式的，应当场一次性告知备案企业需要补正的全部内容。

通过传真、电子数据交换和电子邮件等网络方式接收备案材料的，应于 1 个工作日内予以备案或者一次性告知备案企业需要补正的全部内容。

对于收购地涉及省内多个县（市、区）的粮食收购企业，备案部门应当及时共享该企业备案信息。

第十五条　县级粮食行政管理部门应当在其政府部门网站公示粮食收购备案的依据、所需的全部备案材料、备案流程等信息，提供有关备案材料的填写示范文本。

县级粮食行政管理部门不得要求粮食收购企业提供与粮食收购备案无关的材料。

第十六条　县级粮食行政管理部门工作人员在办理粮食收购备案时，不得收取费用，不得索取或者收受他人财物，不得牟取不正当利益。

第三章　粮食收购行为规范

第十七条　粮食收购者应当按照国家粮食收购政策、粮食质量标准及食品安全标准，从事粮食收购活动；在粮食应急状态期间，应当执行国家和省的应急管理规定。

政府储备收购应当执行《政府储备粮食质量安全管理办法》有关规定。

第十八条　粮食收购者收购粮食，应直接告知售粮者相关要求或现场公告收购粮食的品种、价格和质量标准。

粮食收购者收购粮食，应按照国家有关规定进行质量检验，确保粮食质量安全。对不符合食品安全标准的应作为非食用用途单独储存，不得流入口粮市场和食品加工渠道。

粮食收购者收购粮食应按质论价，不得损害农民和其他粮食生产者的利益；应及时向售粮者支付售粮款，不得拖欠。

粮食收购者不得采取欺诈、囤积居奇等非法手段操纵粮食价格；不得接受任何组织或者个人的委托代扣、代缴任何税、费和其他款项。

第十九条　粮食收购企业应向收购地的县级粮食行政管理部门定期报告粮食收购数量等有关情况。

跨省收购粮食，应向收购地和粮食收购企业所在地的县级粮食行政管理部门定期报告粮食收购数量等有关情况。

第二十条　国有粮食收购企业应带头执行国家粮食政策，积极入市收购粮食，做好政策性粮食收购工作，服从和服务于粮食宏观调控。

粮食收购过程中，政府储备直属企业组织落实政府储备收储、轮换等具体任务以及政府委托的政策性任务，不得从事粮食商业经营活动；其他政府储备委托代储企业要落实政策性业务与商业经营业务分离，做到人员、实物、财务、账务管理严格分开。

第二十一条　粮食收购相关贷款按照《粮食流通管理条例》规定执行。

第二十二条　粮食收购企业应执行国家粮食流通统计制度，规范建立粮食经营台账，并将粮食购进、销售和储存等基本数据和情况按规定上报至所在地县级粮食行政管理部门；对涉密信息的传输、处理、储存等严格遵照有关保密规定执行；对涉及商业秘密的资料，粮食行政管理部门应依法予以保密。

粮食经营台账的保留期限不得少于 3 年。

第四章　粮食收购服务

第二十三条　县级以上人民政府应建立健全被污染粮食收购处置长效机制，因自然灾害或其他原因造成不符合质量标准或食品安全指标的稻谷，按属地原则，由县级人民政府按照粮食安全省长责任制和食品安全地方政府负责制的要求组织收购处置。

第二十四条　粮食行政管理部门应对粮食收购者开展技术服务和培训指导，通过组织现场培训、设计视频课程、发放宣传资料等形式，推广科学储粮、节粮减损等新技术新规范应用。

第二十五条　粮食行政管理部门应积极搭建农企对接平台，发挥粮食交易中心的公益性服务作用，为粮食生产者和收购者提供交易服务。

第二十六条　粮食行政管理部门应持续深入推进优质粮食工程建设，指导、支持粮食收购者改善仓储设施条件。

第二十七条　粮食行政管理部门应指导支持用人单位和相关社会组织按照职业标准或评价规范开展粮食行业职业技能等级认定、颁发职业技能等级证书，支持粮食行业技能人才队伍建设。

第五章　粮食收购监管

第二十八条　县级以上粮食行政管理部门应加强本行政区域内粮食收购活动以及执行国家粮食流通统计制度情况的监督检查，对粮食收购企业未按照规定备案等违法行为，依照《粮食流通管理条例》及有关法律法规规章给予处理。

市场监督管理部门依照有关法律、法规的规定，对粮食经营活动中的扰乱市场秩序、从事违法交易以及价格违法行为进行监督检查。

第二十九条　县级以上粮食行政管理部门应进一步完善失信约束制度，构建诚信建设长效机制，规范信用监管活动，促进粮食收购者守法经营和诚信自律。

第三十条　任何单位和个人发现粮食收购者违法从事粮食收购活动，有权向收购活动所在地粮食行政管理部门举报。粮食行政管理部门在收到举报线索后应及时核查并为举报人保密。对核查发现存在违法违规行为的责任单位和个人要依法依规进行处理。

第六章　附　　则

第三十一条　本办法由省粮食行政管理部门负责解释。

第三十二条　本办法自 2022 年 2 月 1 日起施行。